权威解读

中华人民共和国
慈善法
学习问答

全国人大内务司法委员会内务室
民 政 部 政 策 法 规 司
编 著

主编 于建伟
（全国人大内务司法委员会内务室主任）

中国法制出版社
CHINA LEGAL PUBLISHING HOUSE

慈善事业健康发展的法治保障

（代序）

马　驭　王胜明

2016年3月16日，第十二届全国人民代表大会第四次会议表决通过《中华人民共和国慈善法》，国家主席习近平签署第43号主席令予以公布，自2016年9月1日起施行。慈善法的制定，是我国慈善事业发展史上具有里程碑意义的大事，对于发展慈善事业，弘扬慈善文化，规范慈善活动，保护慈善组织、捐赠人、志愿者、受益人等的合法权益，促进社会进步，将发挥重要作用。以下简要介绍慈善法制定的背景、过程和主要内容。

一、慈善法制定的背景和过程

慈善事业是社会建设的重要内容。我国合同法、公益事业捐赠法、信托法等法律都对慈善问题作过规定。改革开放以来，我国慈善事业发展较快，慈善组织不断增多，慈善活动日趋活跃，在扶贫济困、灾害救助、文教卫生、环境保护和其他公益事业领域发挥了积极作用。目前我国年度慈善捐赠额已达到1000亿元左右，在民政部门登记注册的社会组织总数超过60万个，许多在公益慈善领域开展活动，建立的公益慈善项目达数百万个，形成了一批特色鲜明、具有社会影响力的品牌项目，每年受益人群达数亿人次；注册志愿者超过6000万人，每年为社会提供3亿小时的志愿服务。

随着慈善事业的发展，在慈善领域出现许多新情况新问题，比如，慈善组织运作不够规范，募捐活动以及募集资金的使用管理不够透明，行业自律机制尚未形成，监管措施不够完善，慈善活动参与人权利义务不明晰，有的优惠政策落实不到位，全社会慈善氛围还不够浓厚，等等。这些问题都需要制定一部专门的慈善法予以引导和规范，促进慈善事业健康发展。

2008年以来，共有800多人次的全国人大代表提出制定慈善法的议案27件，社会各方面多年期盼制定慈善法。

全国人大内务司法委员会根据全国人大常委会立法规划和立法工作计划，于2014年2月成立慈善立法领导小组，启动慈善法的研究起草工作。起草工作中着重把握以下要求：一是立足中国实际。根据我国经济社会发展的实际状况和创新社会治理体制机制的要求，对慈善法律制度作出规定，适当借鉴国外有益经验，但不照搬照抄。二是坚持问题导向。努力解决慈善领域存在的突出问题，推动我国慈善事业健康发展，增强慈善法的针对性、实效性和可操作性。三是确立基本规则。为了使慈善组织和有关主体的活动有法可依，慈善法对慈善组织、慈善募捐、慈善服务、信息公开、促进措施和监督管理等基本内容都作出规定。四是坚持科学立法、民主立法。经广泛征求全国人大代表、慈善组织、专家学者等社会各方面意见，并多次与全国人大常委会法制工作委员会、国务院法制办公室、民政部、国家税务总局等有关部门沟通协商，在取得基本共识的基础上，内务司法委员会于2015年9月6日召开全体会议，审议通过了《中华人民共和国慈善法（草案）》，提请全国人大常委会会议审议。

2015年10月底，第十二届全国人大常委会第十七次会议对慈善法草案进行了初次审议。常委会组成人员和列席人员普遍认为，为规范慈善行为，弘扬慈善文化，促进慈善事业健康发展，制定慈善法很有必要；慈善法指导思想明确，框架结构合理，内容总体可行。全国人大法律委员会根据常委会审议意见和社会各方面意见进一步研究修改，2015年12月下旬全国人大常委会第十八次会议作出决定，将慈善法草案列入全国人大四次会议审议议程。根据四次大会各代表团及分组审议意见，进一步对慈善法草案研究修改后，于2016年3月16日表决通过。

二、慈善法的主要内容

慈善法共12章112条，主要内容如下：

（一）发展慈善事业

发展慈善事业，是制定慈善法的首要目标。如何促进慈善事业健康发展，慈善法作了以下规定：

1. 明确立法目的。慈善法第一条开宗明义："为了发展慈善事业，弘扬慈善文化，规范慈善活动，保护慈善组织、捐赠人、志愿者、受益人等慈善活动参与者的合法权益，促进社会进步，共享发展成果，制定本法。"

2. 准确界定慈善含义。慈善有广狭两义，"小慈善"指的是扶贫济困救灾，"大慈善"的含义还包括促进教育、科学、文化、卫生、体育等事业发展，环境保护等等，只要有利于社会公共利益的活动都属于慈善。随着经济社会的发展，特别是社会保障水平的提高，"小慈善"逐步发展为"大慈善"。慈善法第三条对慈善活动作出界定。这一规定，根据我国慈善活动的实践做法，把扶贫济困救灾作为慈善活动的重点，同时又为慈善事业的进一步发展拓展空间，与国际慈善活动的发展趋势基本一致。

3. 动员社会各方面力量积极开展慈善活动。（1）慈善法第五条规定："国家鼓励和支持自然人、法人和其他组织践行社会主义核心价值观，弘扬中华民族传统美德，依法开展慈善活动。"（2）慈善组织是开展慈善活动的重要主体，慈善法对慈善组织的设立、内部管理、行为规范等作了较为全面的规定。(3) 志愿者提供服务是开展慈善活动的重要内容，慈善法对志愿者提供慈善服务的方式及其权利义务作了规定。(4) 慈善法还规定，城乡社区组织、单位可以在本社区、单位内部开展群众性互助互济活动。慈善组织以外的其他组织可以开展力所能及的慈善活动。

4. 专章规定发展慈善事业的促进措施。(1) 县级以上人民政府应当根据经济社会发展情况，制定促进慈善事业发展的政策和措施。(2) 对慈善组织、捐赠人、受益人依法享受税收优惠问题尽可能作出规定。企业慈善捐赠支出超过法律规定的准予在计算企业所得税应纳税所得额时当年扣除的部分，允许结转以后三年内在计算应纳税所得额时扣除。同时根据党的十八届三中全会精神和立法法的规定，税收优惠的条件、税种、税率等具体事项由专门税收法律作出规定。(3) 国家对开展扶贫济困的慈善活动实行特殊的优惠政策。(4) 慈善组织开展扶贫、济困、扶老、救孤等需要慈善服务设施用地的，可以依法申请使用国有划拨土地或者农村集体建设用地，同时规定，慈善服务设施用地非经法定程序不得改变用途。(5) 国家采取措施弘扬慈善文化，培育公民慈善意识。(6) 国家建立慈善表彰制度，对在慈善事业发展中做出突出贡献的自然人、法人和其他组织予以表彰。

（二）规范慈善行为

规范慈善行为和发展慈善事业是相辅相成的，只有提高慈善组织公信力，增强慈善活动透明度，才能保障慈善事业健康发展。慈善法对规范慈善行为作了以下规定：

1. 强化信息公开。信息公开是规范慈善活动的重要举措，慈善法区分不同主体、不同环节，对信息公开作了专章规定。（1）县级以上人民政府建立健全慈善信息统计和发布制度。县级以上人民政府民政部门应当在统一的信息平台，及时向社会公开慈善信息，并免费提供慈善信息发布服务。（2）县级以上人民政府民政部门和其他有关部门应当及时向社会公开慈善组织登记事项、慈善信托备案事项、对慈善活动的税收优惠和资助补贴、对慈善组织和慈善信托的检查评估等信息。（3）慈善组织、慈善信托的受托人应当依法履行信息公开义务。信息公开应当真实、完整、及时。慈善组织应当向社会公开组织章程和决策、执行、监督机构成员信息以及国务院民政部门要求公开的其他信息。（4）慈善法区分募捐的不同情况，明确规定信息公开的对象、内容及其程序。具有公开募捐资格的慈善组织应当定期向社会公开其募捐情况和慈善项目实施情况。公开募捐周期大于六个月的，至少每三个月公开一次募捐情况，公开募捐活动结束后三个月内应当全面公开募捐情况。慈善项目实施周期超过六个月的，至少每三个月公开一次项目实施情况，项目结束后三个月内应当全面公开项目实施情况和募得款物使用情况。

2. 加强慈善组织内部治理。(1) 慈善法规定，慈善组织应当根据法律法规以及章程的规定，建立健全内部治理结构，明确决策、执行、监督等方面的职责权限；应当执行国家统一的会计制度，依法进行会计核算。(2) 慈善法还对不得担任慈善组织负责人的情形作了规定，包括无民事行为能力或者限制民事行为能力、因故意犯罪被判处刑罚自刑罚执行完毕之日起未逾五年等。(3) 针对慈善组织财产管理使用中存在的关联关系问题，慈善法第十四条规定："慈善组织的发起人、主要捐赠人以及管理人员，不得利用其关联关系损害慈善组织、受益人的利益和社会公共利益。慈善组织的发起人、主要捐赠人以及管理人员与慈善组织发生交易行为的，不得参与慈善组织有关该交易行为的决策，有关交易情况应当向社会公开。"

3. 规范慈善募捐。慈善募捐是慈善财产来源的主要途径，是开展慈善活动的重要内容。慈善法区分不同主体募捐以及不同种类募捐，对募捐资格、方式及其程序分别作出规定，特别对开展公开募捐作了较为具体的规定。(1) 慈善法第二十二条规定："慈善组织开展公开募捐，应当取得公开募捐资格。依法登记满二年的慈善组织，可以向其登记的民政部门申请公开募捐资格。民政部门应当自受理申请之日起二十日内作出决定。慈善组织符合内部治理结构健全、运作规范的条件的，发给公开募捐资格证书；不符合条件的，不发给公开募捐资格证书并书面说明理由。法律、行政法规规定自登记之日起可以公开募捐的基金会和社会团体，由民政部门直接发给公开募捐资格证书。”这样规定，既做到了与现行法律、行政法规有关规定的衔接，又扩大了公开募捐主体范围，有利于更多地吸纳社会慈善资源。(2) 关于网络募捐，根据开展网络募捐的必要性和可行性，同时尽量避免重复募捐甚至网络欺诈等现象，慈善法规定，慈善组织通过互联网开展公开募捐的，应当在国务院民政部门统一或者指定的慈善信息平台发布募捐信息，并可以同时在其网站发布募捐信息。慈善法还对开展公开募捐的其他方式以及公开募捐的程序作出规定。

4. 规范慈善财产管理使用。(1) 慈善法规定，慈善组织对募集的财产，应当登记造册，严格管理，专款专用。(2) 慈善法根据慈善财产的性质明确要求：“慈善组织的财产应当根据章程和捐赠协议的规定全部用于慈善目的，不得在发起人、捐赠人以及慈善组织成员中分配。任何组织和个人不得私分、挪用、截留或者侵占慈善财产。”(3) 为使慈善财产能够保值、增值，使慈善组织持续运转，慈善法规定，慈善组织可以进行投资，但应当遵循合法、安全、有效的原则，投资取得的收益应当全部用于慈善目的。

重大投资方案应当经决策机构组成人员三分之二以上同意。还规定政府资助的财产和捐赠协议约定不得投资的财产，不得用于投资。（4）为促进慈善组织把更多的财产用于慈善目的，慈善法规定，慈善组织应当积极开展慈善活动，充分、高效运用慈善财产，并遵循管理费用最必要原则，厉行节约，减少不必要的开支。同时考虑到慈善组织的多样性，慈善法对具有公开募捐资格的基金会开展慈善活动的年度支出和管理费用标准作了规定；具有公开募捐资格的基金会以外的慈善组织开展慈善活动的年度支出和管理费用的标准，由国务院民政部门会同国务院财政、税务等部门依照有关规定的原则制定。捐赠协议对单项捐赠财产的慈善活动支出和管理费用有约定的，按照其约定。

（三）加强慈善监管

促进慈善活动规范化，一靠自律，二靠严管。严管的基本要义是严格执法。慈善法对加强监督管理作出专章规定：

1. 监管主体。慈善法第六条规定，国务院民政部门主管全国慈善工作，县级以上地方各级人民政府民政部门主管本行政区域内的慈善工作；县级以上人民政府有关部门依照本法和其他有关法律法规，在各自的职责范围内做好相关工作。

2. 监管职责。慈善法规定，县级以上人民政府民政部门应当依法履行职责，对慈善活动进行监督检查，对慈善行业组织进行指导；应当建立慈善组织及其负责人信用记录制度，并向社会公布；应当建立慈善组织评估制度，鼓励和支持第三方机构对慈善组织进行评估，并向社会公布评估结果。

3. 监管措施。慈善法第九十三条规定了民政部门对涉嫌违反本法规定的慈善组织有权采取的措施，包括对慈善组织的住所和慈善活动发生地进行现场检查；要求慈善组织作出说明，查阅、复制有关资料；向与慈善活动有关的单位和个人调查与监督管理有关的情况；经本级人民政府批准，可以查询慈善组织的金融账户等。经和民政部协商一致，慈善法规定了年度报告制度，未规定年检制度。

4. 行业监督和社会监督。慈善法规定，慈善行业组织应当建立健全行业规范，加强行业自律。任何单位和个人发现慈善组织、慈善信托有违法行为的，可以向民政部门、其他有关部门或者慈善行业组织投诉、举报。民政部门、其他有关部门或者慈善行业组织接到投诉、举报后，应当及时调查处理。国家鼓励公众、媒体对慈善活动进行监督，对假借慈善名义或者假冒慈善组织骗取财产以及慈善组织、慈善信托的违法违规行为予以曝光，发挥舆论和社会监督作用。

（四）强化法律责任

法律责任是法律约束力的保障。慈善法对违反法律规定的慈善活动，区分不同情形，分别规定法律责任：

1. 慈善组织的法律责任。慈善法对慈善组织未按照慈善宗旨开展活动，私分、挪用、截留或者侵占慈善财产，接受附加违反法律法规或者违背社会公德条件的捐赠，未依法履行信息公开义务，未依法报送年度工作报告或者财务会计报告，擅自改变捐赠财产用途，从事、资助危害国家安全或者社会公共利益活动，弄虚作假骗取税收优惠等情形，分别规定了相应的法律责任，包括责令限期改正，责令限期停止活动并进行整改，没收违法所得，对直接负责的主管人员和其他直接责任人员处以罚款，吊销登记证书等；构成犯罪的，依法追究刑事责任。

2. 针对社会上存在的假冒慈善名义骗取财产现象，慈善法第一百零七条规定，自然人、法人或者其他组织假借慈善名义或者假冒慈善组织骗取财产的，由公安机关依法查处。

3. 监管部门及其工作人员的法律责任。慈善法第一百零八条规定，县级以上人民政府民政部门和其他有关部门及其工作人员有未依法履行信息公开义务，摊派或者变相摊派捐赠任务，强行指定志愿者、慈善组织提供服务，未依法履行监督管理职责，违法实施行政强制措施和行政处罚，私分、挪用、截留或者侵占慈善财产等情形的，由上级机关或者监察机关责令改正；依法应当给予处分的，由任免机关或者监察机关对直接负责的主管人员和其他直接责任人员给予处分。

慈善法是社会领域的重要法律，是慈善制度建设的基础性、综合性法律。当前，国务院民政部门正在抓紧制定配套规定，积极贯彻实施慈善法，广大慈善组织和有关方面认真学习慈善法，严格执行慈善法。慈善法的制定，必将积极推动我国慈善事业健康发展，我国慈善事业大树必定生机勃勃，枝繁叶茂。

马　驭　全国人大常委会委员
全国人大内务司法委员会主任委员
王胜明　全国人大常委会委员
全国人大内务司法委员会副主任委员

目 录

导 读

总 则

慈善组织

慈 善 募 捐

慈 善 捐 赠

慈善信托

慈善财产

慈善服务

信息公开

促进措施

监 督 管 理

附 则

导 读

1. 慈善法的颁布实施将会对我国慈善事业产生什么影响?

2016 年 3 月 16 日，第十二届全国人民代表大会第四次会议审议通过《中华人民共和国慈善法》。张德江委员长指出，本次会议审议通过的慈善法，是我国慈善制度建设的一部基础性、综合性法律，为弘扬社会主义核心价值观和中华民族传统美德、促进我国慈善事业健康发展提供了重要法治保障。慈善法的起草和审议，认真贯彻党的十八大和十八届三中、四中、五中全会精神，认真贯彻习近平总书记系列重要讲话精神，立足中国国情，坚持问题导向，确立基本规则，实行开门立法，正确处理促进和规范的关系、继承和创新的关系，着力提高立法质量，构建中国特色慈善法律制度。慈善法的制定，是我国慈善领域具有里程碑意义的大事，必将对慈善事业健康发展产生积极而深远的影响。具体来说，可以从以下几个方面来概括：

（1）慈善事业发展空间更广阔。慈善法取“大慈善”概念，将慈善活动由扶贫、济困、救灾扩展到促进教育、科学、文化、卫生、体育、环保等事业发展的公益活动；慈善法鼓励人人参与慈善，有钱出钱，有力出力，捐赠财产和志愿服务都是慈善；捐赠货币、实物、房屋、有价证券、股权、知识产权等有形或者无形财产都是慈善；适度扩大慈善募捐主体范围，有效动员和吸纳社会慈善资源；等等。这些规定具有时代特征，符合发展趋势，对于适应经济社会发展需要，拓展慈善事业发展空间，促进我国慈善事业做大做强，具有重要意义。

（2）社会力量参与慈善更便利。按照慈善法规定，设立慈善组织将更简便，可以依法直接向民政部门申请登记（法律、行政法规另有规定的除外）；慈善组织年度检查制度改为年度报告制度；明确慈善信托主管部门，设立慈善信托由批准改为备案，意在激活慈善信托；确立网络募捐法律地位，为老百姓做善事提供更加方便快捷的途径。

（3）慈善活动更规范。慈善法明确规定：开展慈善活动，应当遵循合法、自愿、诚信、非营利的原则，不得违背社会公德，不得危害国家安全、损害社会公共利益和他人合法权益。对慈善组织内部治理和关联交易、慈善募捐和捐赠、慈善财产管理使用、慈善服务等都作了规范，并明确了相关法律责任。这部法律的出台，将使各类慈善活动的主要方面实现有法可依。

（4）慈善行业更透明。专章规定信息公开，对县级以上人民政府及其民政等有关部门在慈善信息公开方面的责任，慈善组织履行信息公开义务的原则、范围、平台和时间要求等作了系统规定。这对于促进行业自律、方便社会监督、提升慈善行业公信力将发挥重要作用。

（5）慈善氛围更浓厚。将弘扬慈善文化和中华民族传统美德、践行社会主义核心价值观写入慈善法，将普及慈善知识、传播慈善文化、培养慈善专门人才作为有关机构的法定职责，将每年 9 月 5 日确定为“中华慈善日”，等等。慈善法的这些规定，将进一步增强全民慈善意识，优化社会慈善氛围，激发社会成员义行善举的热情，为实现中华民族伟大复兴的中国梦提供持久精神力量。

（6）促进措施更完善。专章规定促进措施，明确政府及其部门和其他有关方面促进慈善事业发展的责任和措施，比如：对慈善组织和捐赠人的税收优惠，政府购买服务，对慈善事业的土地和金融支持，鼓励企业事业单位为慈善活动提供便利条件，建立慈善表彰制度，等等。这些规定的贯彻落实，将给我国慈善事业发展注入新动力。

（7）监督管理更有效。明确县级以上人民政府民政部门监督管理的职责权限，包括对涉嫌违法的慈善组织可以采取的措施、建立慈善组织信用制度和评估制度等；规定了慈善行业组织监督和社会监督，确立组织自治、行业自律、社会监督、政府监管有机结合大格局。

（8）慈善力量更强大。十多年来，我国慈善事业快速发展，年度慈善捐赠额从十年前不足百亿元发展到目前的千亿元左右，在民政部门登记注册的社会组织总数超过60万个，大部分在公益慈善领域开展活动，建立的公益慈善项目达数百万个，每年受益人群达数亿人次。可以预期，随着慈善法的颁布实施，以法律来引领、推动和保障慈善事业健康发展，用法治的力量助推全社会崇德向善的力量，必将促进我国慈善事业进一步发展壮大，为国家和社会输送更大的正能量。

2. 为什么要由全国人民代表大会审议通过慈善法？

第十二届全国人民代表大会第四次会议审议通过了慈善法。有意见认为，全国人民代表大会审议通过的都是十分重要的基本法律，慈善法的分量似乎不足以提请大会审议。这种看法不仅低估了慈善法的重要分量，也是对全国人民代表大会及其常委会立法权限不够了解。

（1）慈善法是慈善制度建设的综合性、基础性法律，提请全国人民代表大会审议通过，符合立法法有关立法权限的规定。根据立法法有关规定，全国人民代表大会制定和修改刑事、民事、国家机构的和其他的基本法律。所谓“基本法律”通常是对某一类社会关系进行调整和规范，涉及的事项有的是公民的基本权利和义务关系，有的是国家经济和社会生活中某一方面的基本关系，有的是国家政治生活的基本制度，有的是事关国家主权等，这些法律在国家和社会生活中具有全局的、长远的、普遍的和根本的规范意义。慈善法是促进、规范、管理慈善活动以及与慈善有关的活动的基本法律，是我国慈善制度建设的综合性、基础性法律，是社会领域的一部重要法律。鉴于此，十二届全国人大常委会两次审议后，决定将慈善法草案提请第十二届全国人大第四次会议审议，这是经过反复研究作出的重大决定。

（2）慈善法提请第十二届全国人大四次会议审议，是贯彻落实党的十八大和十八届三中、四中、五中全会精神的重要举措。十八大以来，我们党明确提出全面推进依法治国，加快重点领域立法，形成完备的法律规范体系。我国相继制定了公益事业捐赠法、红十字会法等一些涉及慈善活动的法律，但总的来讲，由于没有一部基础性、综合性的法律，现行慈善法律制度缺乏整体性、系统性、协调性。尽快补齐慈善领域这一立法短板，是加快重点领域立法的迫切要求，也是人民群众的热切期待。党中央多次提出要鼓励和支持慈善事业发展，发挥慈善事业在社会保障，特别是扶贫济困中的积极作用。慈善事业是脱贫攻坚不可或缺的重要力量。广泛动员全社会力量开展以扶贫济困为重点的慈善活动，对于打赢脱贫攻坚战、实现全面建成小康社会的宏伟目标具有重要意义。党中央高度重视慈善立法，习近平总书记主持召开中央政治局常委会会议，听取有关情况汇报，就慈善法的进一步修改完善作出重要指示。会议同意将慈善法草案提请第十二届全国人大第四次会议审议。这是体现党对立法工作的领导，将党关于发展慈善事业的主张和人民意愿上升为国家意志的重要立法实践。

（3）由全国人民代表大会审议慈善法草案，是深入推进科学立法、民主立法的具体体现。全国人大代表是最高国家权力机关组成人员，来自人民，最了解人民群众的呼声和意愿。大会审议期间，全国人大代表对慈善法草案深入讨论，畅所欲言，充分发挥全国人大代表在立法中的主体作用，有利于广泛集中民智、凝聚共识，使慈善法充分体现全国人民的共同意志，为法律的正确实施奠定更加坚实的基础，营造更加良好的氛围。对于提高立法质量，在全社会弘扬社会主义核心价值观和中华民族传统美德，促进法律通过后的正确实施具有重要意义。

3. 慈善法的制定经历了怎样的过程?

从2006年3月民政部启动慈善事业促进法的起草工作，到2016年3月16日第十二届全国人民代表大会第四次会议审议通过慈善法，历经十年，可谓十年磨一法，千呼万唤始出来。这部法律的制定大致经历了三个阶段：

（1）民政部起草阶段（2006年3月至2009年8月）。2005年9月，民政部正式向全国人大和国务院提出起草《中华人民共和国慈善事业促进法》的建议。2008年10月，全国人大常委会将法律名称确定为《中华人民共和国慈善事业法》，并列入第十一届全国人大常委会立法规划一类项目。2006年3月，民政部成立《中华人民共和国慈善事业法》起草组，开始慈善立法的调研论证起草工作。起草组多方收集慈善立法相关资料，全面了解国内外慈善事业发展和慈善立法情况，广泛听取中央有关单位、慈善组织和专家学者意见，数十易其稿，形成《中华人民共和国慈善事业法（草案送审稿）》，共8章54条，于2009年8月报送国务院。

（2）全国人大内司委起草阶段（2014年2月下旬至2015年10月）。2008年至2015年，共有800多人次的全国人大代表提出抓紧制定慈善法的议案27件，还有很多人大代表提出这方面的建议，许多全国政协委员、慈善组织、专家学者等社会各有关方面，也通过不同形式提出尽快制定慈善法的意见建议。根据各方面意见，第十二届全国人大常委会再次将制定慈善事业法列入立法规划，明确由内务司法委员会组织起草。全国人大内司委对慈善立法工作高度重视，于2014年2月下旬成立慈善立法领导小组及其办公室，马驭主任委员任领导小组组长，王胜明副主任委员和民政部党组成员、纪检组长曲淑辉任副组长。

2014年3月下旬，内司委在京召开第一次慈善立法座谈会，此后，慈善法的起草工作紧锣密鼓、强力推进，步入快车道。内司委先后组织12个调研组，赴湖北、浙江、福建、广东、广西、北京、上海、陕西等省（区、市）了解慈善事业发展情况，听取地方对慈善立法的意见和建议，并组团到英国、克罗地亚考察慈善立法情况。召开慈善立法座谈会十多次，听取主管部门、地方人大和民政部门、专家学者、慈善组织负责人意见，还派员参加学界和实务界召开的立法研讨会30多次。起草过程中，围绕慈善事业发展的主要经验和存在问题、慈善立法的调整范围、慈善组织、慈善募捐、慈善信托、慈善服务、税收优惠等问题，开展专题研究，形成30多份、几十万字的立法研究资料。

内司委在民政部等有关方面大力支持下，一边调研，一边起草，经反复修改，于2015年1月形成慈善事业法草案（征求意见稿），向33个中央有关单位、31个省（区、市）人大内司委、8所高校科研机构、12个慈善组织、部分全国人大代表、政协委员以及有关专家发出征求意见函130多份，收到反馈意见80余份，起草班子对这些意见认真梳理，形成约7万字的意见汇总材料。2015年7月，马驭主任委员亲自带队，王胜明副主任委员参加，赴民政部、国家税务总局交换意见。起草班子根据各方面意见，对草案稿进一步修改完善。2015年9月6日，内司委召开全体会议，原则审议通过了《中华人民共和国慈善法（草案）》，决定进一步研究修改后提请全国人大常委会会议审议。此后，全国人大内司委建议常委会办公厅将慈善法草案转国务院办公厅征求意见，国务院办公厅委托国务院法制办将草案分送发改委、民政部、财政部等31个部门和单位。内司委根据反馈意见进一步修改后，将《中华人民共和国慈善法（草案）》（共11章115条）提请全国人大常委会会议审议。

（3）全国人大常委会和全国人民代表大会审议阶段（2015年10月底至2016年3月16日）。2015年10月底，第十二届全国人大常委会第十七次会议对慈善法（草案）进行初次审议。常委会组成人员和列席人员普遍认为，为规范慈善行为，弘扬慈善文化，促进慈善事业健康发展，制定慈善法很有必要。草案指导思想明确，框架结构合理，内容总体可行，建议进一步修改完善后早日出台。同时，慈善法（草案）受到社会广泛关注和高度评价，新华社、人民日报、中央电视台等媒体以及新浪等网站作了充分报道和解读。

初次审议后，全国人大常委会法制工作委员会将草案印发全国人大代表、各省（区、市）和中央有关部门、单位、人民团体和社会组织、部分高等院校和研究机构、基层立法联系点等征求意见。两次在中国人大网全文公布法律草案向社会征求意见。法律委员会、内务司法委员会和法制工作委员会联合召开座谈会，听取中央有关单位和部分全国人大代表，以及一些专家学者和慈善组织的意见。根据常委会组成人员审议意见和各方面意见，对草案进行修改完善，先后提出慈善法草案二次审议稿（共11章101条）和三次审议稿（共12章112条），分别提请2015年12月下旬召开的全国人大常委会第十八次会议和2016年3月召开的第十二届全国人大四次会议审议。2016年3月16日顺利表决通过。

4. 将立法规划中的慈善事业法改为慈善法是基于什么考虑？

一部法律，首先映入公众眼帘的一定是名称，法律名称关系到这部法律在法律体系中的定位和作用。第十一届、十二届全国人大常委会立法规划中的法律名称都是慈善事业法。在草案起草过程中，一些专家和慈善组织建议将法律名称改为慈善法。全国人大内司委起草班子对这一问题进行了专题研究，并报领导同意后，决定将法律名称改为慈善法。这主要基于以下几点考虑：

一是取名“慈善法”，更能彰显其慈善领域综合法、基础法的地位。慈善法的主要作用在于对慈善的基本原则、慈善主体、慈善募捐、慈善财产的管理使用、慈善活动形式、慈善促进措施以及监督管理等涉及慈善事业发展的基本制度和重大问题作出规定，为慈善组织开展慈善活动，社会公众参与慈善活动，有关部门履行监督管理职责等提供基本的法律依据，使慈善领域的主要方面有法可依。在内涵上，“慈善”要比“慈善事业”更丰富，更具包容性，更能体现当代慈善事业发展主体日益多元、领域不断拓展、形式不断丰富的趋势。从调整范围来看，自然人、法人和其他组织开展慈善活动以及与慈善有关的活动，原则上都要适用慈善法。当然，一部慈善法无法规范慈善事业发展中的所有问题，慈善组织、社会公众以及政府有关部门，还需要遵守其他相关法律，如信托法、合同法、行政许可法的规定，国务院以及各地方还应当根据实践需要，对慈善法的相关规定进行细化，出台配套规定。

二是我国其他相关立法，一般都没有冠以“事业”二字，而是以其领域直接命名。如教育法、体育法、气象法、消防法、社会保险法、环境保护法等。公益事业捐赠法用了“事业”一词，但并未对“公益事业”的内涵下定义，只是列举了“公益事业”包含的事项。从立法技术来讲，取名“慈善法”也有简省文字之功。

三是参考国外慈善立法例，凡慈善领域的综合性立法，基本都是以“慈善法”相称。如英国慈善法、新西兰慈善法、新加坡慈善法、亚美尼亚共和国慈善法等。

四是变更立法规划中的法律名称已有先例。例如：第十届全国人大常委会立法规划中的“紧急状态法”，后来改名为“突发事件应对法”；第十一届全国人大常委会立法规划中的“农村土地承包纠纷仲裁法”，后来改名为“农村土地承包经营纠纷调解仲裁法”，等等。

5. 慈善立法是如何处理促进与规范关系的？

促进慈善事业发展是慈善立法的首要目标，要通过制定慈善法，明确国家支持促进慈善事业发展的基本态度和政策措施，鼓励倡导更多的组织和个人义行善举、无私奉献。一句话，要把慈善法立成一部促进法，这是慈善事业发展的现实需要，也是人民群众的热切期盼。同时，从近年来慈善领域接连发生的引起社会广泛关注的事件中，我们认识到，立法必须回应公众关切，解决存在问题，该规范的也要规范。当然，规范的最终目的还是为了净化慈善环境，提高慈善公信力，促进慈善事业健康发展。从这个意义上讲，规范也是促进。起草工作中，要注意把握好二者的平衡与适度，努力做到在发展中规范，在规范中发展。

关于促进，慈善法第五条明确规定："国家鼓励和支持自然人、法人和其他组织践行社会主义核心价值观，弘扬中华民族传统美德，依法开展慈善活动。"如何"鼓励和支持"，慈善法设专章规定了促进措施，明确政府及其部门和其他有关方面促进慈善事业发展的责任和措施。慈善法第七十七条规定："县级以上人民政府应当根据经济社会发展情况，制定促进慈善事业发展的政策和措施。县级以上人民政府有关部门应当在各自职责范围内，向慈善组织、慈善信托受托人等提供慈善需求信息，为慈善活动提供指导和帮助。"在具体促进措施上，慈善法明确了对慈善组织和捐赠人的税收优惠、对慈善事业的土地和金融支持，以及慈善文化培育、慈善表彰，等等。以土地方面的支持为例，慈善法规定，慈善组织开展扶贫、济困、扶老、救孤、恤病、助残、优抚等慈善活动，需要慈善服务设施用地的，可以依法申请使用国有划拨土地或者农村集体建设用地。慈善服务设施用地非经法定程序不得改变用途。慈善法其他章的许多条款，也很好地体现了促进慈善事业发展的精神。比如：慈善组织是现代慈善事业的中坚力量，既是发展慈善事业的独立主体，又是其他组织和个人开展慈善活动的重要组织者、推动者和桥梁纽带，在动员社会资源、提供慈善服务等方面发挥着不可替代的作用。为了培育和发展慈善组织，慈善法明确了慈善组织的概念、条件、形式及其财产的保值增值，简化了登记程序，将须经业务主管单位事前批准改为直接登记，降低慈善组织设立门槛。为了鼓励慈善捐赠和慈善服务，慈善法分别规定了对捐赠人和志愿者的权益保障。为了激活慈善信托（公益信托），为公民、法人和其他组织提供简便、灵活的行善方式，慈善法明确了慈善信托主管部门，将信托法中设立公益信托的审批制改为慈善信托的备案制，等等。

关于规范，慈善法针对慈善领域存在的突出问题，作出了一系列制度安排。比如：慈善组织的一个显著特征是主要用捐赠人的钱来维持自身存续发展并开展慈善活动，其财产具有社会公共财产的属性，因此，社会对其关注度比较高。由于慈善组织运作不够规范，财产管理使用不够透明，一些慈善组织屡受质疑，公信力不高，影响了人们的捐赠热情。基于慈善组织在现代慈善事业发展中的重要地位，针对现实中存在的问题，慈善法以慈善组织及其活动作为调整重点，对慈善组织的内部治理、募捐活动、慈善财产管理使用、信息公开、监督管理等作出全面规范。比如：关于公开募捐，慈善法在适度扩大慈善组织公开募捐主体范围基础上，从募捐资格、募捐方式、资格验证、信息公开、法律责任等多方面作出规定：慈善组织开展公开募捐，应当取得公开募捐资格；应当制定募捐方案，并在开展募捐活动前报慈善组织登记的民政部门备案；应当在募捐活动现场或者募捐活动载体的显著位置，公布募捐组织名称、公开募捐资格证书、募捐方案、联系方式、募捐信息查询方法等。还规定，开展募捐活动，不得摊派或者变相摊派，不得妨碍公共秩序、企业生产经营和居民生活。禁止任何组织或者个人假借慈善名义或者假冒慈善组织开展募捐活动，骗取财产，等等，第一次从法律层面构建了相对完整的慈善募捐法律制度。

6. 慈善立法是如何处理继承与创新关系的?

我国慈善事业已发展多年，积累了丰富经验，也出台了一系列相关规定。比如：《中华人民共和国公益事业捐赠法》《基金会管理条例》《社会团体登记管理条例》《民办非企业单位登记管理暂行条例》等。民政部等有关部门也出台了一系列规章。2014 年 11 月，国务院印发《国务院关于促进慈善事业健康发展的指导意见》。慈善立法要总结实践经验，把成熟的具有普遍意义的经验上升为法律；要认真学习研究已经出台的相关规定，把重要的实践证明行之有效的规定吸纳到法律中。这就是继承。慈善法中多数制度设计都是在总结已有经验、提炼和吸纳现行规定的基础上形成的。

同时，立法还要有一定的前瞻性，根据新形势新实践，有所发展、有所创新，以适应全面深化改革、创新社会治理、推动慈善事业可持续发展的需要。比如：对市场主体和社会组织实行“宽进严管”是新一轮改革的重要内容。慈善立法要认真贯彻党的十八大和十八届三中、四中、五中全会精神，正确处理立法与改革的关系，实现立法决策和改革决策相衔接、相统一，更好地发挥立法的引领和推动作用。慈善法关于慈善组织申请登记、公开募捐准入、慈善信托的规定等等，都体现了“宽进”的精神。同时，在监督管理方面作出一系列规定，比如：规定民政部门是慈善事业的主管部门，明确其职责权限，赋予其新的监管措施；还对慈善行业组织监督和社会监督作出规定，体现了“严管”的精神，特别是设专章规定信息公开，对慈善信息公开的原则、范围、平台和时间要求作了较为系统的规定，以公开促公平、促自律和他律。从这些规定可以看出，“严管”不是政府一家来管，而是社会共治，是慈善组织自治、行业自律、政府监管、社会监督的有机结合，体现了创新精神。慈善法还创新监管方式，将目前对社会组织的年度检查制度改为年度报告制度，等等。

7. 慈善立法是如何处理与其他相关法律关系的？

慈善法属于社会法，是慈善制度建设的基础性、综合性法律，其内容涉及民法、商法、行政法等多个法律部门和几十部法律。其中，与慈善法关系密切的法律主要有：公益事业捐赠法、合同法、信托法、红十字会法、企业所得税法、个人所得税法等。此外，慈善法与《基金会管理条例》《社会团体登记管理条例》《民办非企业单位登记管理暂行条例》的关系也十分密切。处理好慈善法与其他相关法律法规的关系十分重要。起草过程中，我们注意准确把握慈善法的定位，厘清与其他相关法律法规的关系，坚持法制统一，做到与其他法律法规相协调、相衔接，努力构建系统完整、科学有效的慈善法律制度。需要指出的是，慈善法作为一部体现时代精神的新法律，有许多创新性的规定，难免与之前出台的相关法律法规有不一致的地方，按照立法法关于上位法优于下位法、特别法优于一般法、新法优于旧法的原则可以得到妥善处理，这与坚持法制统一并不矛盾。

以慈善法与公益事业捐赠法的关系为例。慈善法中慈善捐赠一章主要规定了捐赠人基于慈善目的捐赠财产的权利义务以及慈善组织作为接受捐赠的人的权利义务。公益事业捐赠法主要对向公益性社会团体和公益性非营利的事业单位捐赠财产，用于公益事业作了规定，还对政府接受捐赠等特殊事项作了规定。二者在内容上各有侧重，并行不悖，在各自的调整范围内适用。但两部法律也有交叉、重合且规定不一致的地方。比如，慈善法第八条规定："本法所称慈善组织，是指依法成立、符合本法规定，以面向社会开展慈善活动为宗旨的非营利性组织。慈善组织可以采取基金会、社会团体、社会服务机构等组织形式。"而公益事业捐赠法第十条第二款规定："本法所称公益性社会团体是指依法成立的，以发展公益事业为宗旨的基金会、慈善组织等社会团体。"这里将慈善组织与基金会并列作为社会团体的两种组织形式，显然与慈善法中的慈善组织在外延上有很大区别。再比如，慈善法第四十一条关于捐赠人履行捐赠义务的规定，与公益事业捐赠法第十二条的相关规定也有不同。在这种情况下，按照新法优于旧法的原则，应当适用慈善法。

总　则

8. 慈善法的立法宗旨是什么?

慈善法第一条规定:“为了发展慈善事业,弘扬慈善文化,规范慈善活动,保护慈善组织、捐赠人、志愿者、受益人等慈善活动参与者的合法权益,促进社会进步,共享发展成果,制定本法。”这一规定明确了慈善法的立法宗旨。立法宗旨体现了制定慈善法的目的,慈善法的其他条文都是围绕着立法宗旨展开的,现分述如下:

(1) 发展慈善事业,弘扬慈善文化。扶贫济困、乐善好施是中华民族传统美德,慈善文化是中华传统文化的重要组成部分,内涵丰富,源远流长。儒家的“仁爱”、道家的“慈爱”、墨家的“兼爱”、佛家的“慈悲”,无不蕴涵厚重的慈善文化思想。古人就曾有过对慈善内涵的相关描述。孔颖达疏《左传》有云:“慈者爱,出于心,恩被于物也”。又曰:“慈谓爱之深也”。东汉时期许慎著的《说文解字》也解释道:“慈,爱也”“善,吉也”。“慈善”二字合用,则是“仁慈”“善良”“富于同情心”的意思。战国时期孟子的“穷则独善其身,达则兼善天下”,北宋范仲淹的“先天下之忧而忧,后天下之乐而乐”,成为千百年来中国优秀人物立身处世的座右铭。

改革开放以来特别是进入新世纪以来,我国慈善事业快速发展,社会捐赠总额从2005年不足100亿元发展到目前的每年1000亿元左右,各级民政部门登记的社会组织总数超过60万个,大部分在公益慈善领域开展活动,经常开展慈善服务的志愿者达6500多万人。同时,我国慈善领域也出现了一些新情况新问题,政府支持引导力度不够,行业自律机制尚未形成,社会氛围不够浓厚,有些慈善组织内部治理不健全、运作不规范,影响慈善的公信力和公众参与慈善的热情,骗捐诈捐事件时有发生,等等。总体而言,我国慈善事业的发展与党和国家的要求,与社会公众的期待,还存在较大差距。这些问题,既与慈善事业尚处于起步发展阶段有关,也与长期以来慈善法律制度不完备有关。这都需要通过制定慈善法加以引导和规范,促进慈善事业健康发展。而弘扬慈善文化,正是蕴含在慈善活动的每个细节之中,是每一位慈善活动参与者的共同责任。慈善组织依法开展慈善活动,社会公众积极参与慈善事业,有关部门依法履行监管职责,都是在向社会传播慈善文化,弘扬慈善理念。

（2）规范慈善活动，保护慈善活动参与者的合法权益。俗话说，“无规矩不成方圆”，任何活动都需要规则来约束，否则，即使出于好心做好事也未必能收到好的效果。近年来，我国慈善领域发生的一系列负面事件暴露出慈善事业发展中存在的一些突出问题，如，慈善事业的监管体系没有理顺，监管不到位；有些慈善组织内部治理混乱，募捐活动不规范，慈善资金使用不透明；有些企业承诺捐赠不到位，捐赠物资质量不合格。慈善组织、捐赠人、志愿者、受益人参与慈善活动过程中，合法权益有时得不到保障，如有些慈善组织难以享受税收优惠，有些志愿者在提供志愿服务过程中遭受攻击，有些捐赠人、受益人的隐私被泄露，等等。这些问题都需要在慈善法中明确规则，加以规范。慈善法坚持规范与发展并重，从多个方面加强对慈善活动的规范，保护慈善活动参与者的合法权益，以规范促发展，为慈善事业健康持续发展提供有力保障。

（3）促进社会进步，共享发展成果。慈善事业是一项综合性事业，涵盖社会发展各个方面，涉及社会生活诸多领域，是促进社会进步的重要推手。慈善法第三条采用“大慈善”概念，把扶贫济困、促进教育科学文化卫生体育事业发展、改善生态环境等有利于增进社会公共福祉的公益活动纳入慈善范畴，有利于推动我国物质文明、精神文明和生态文明建设协同发展，有利于促进社会全面进步。

党的十八届五中全会将“共享”作为新时期必须坚持的重要发展理念。“十三五”规划纲要将“大力支持专业社会工作和慈善事业发展，健全经常性社会捐助机制，广泛动员社会力量开展社会救济和社会互助、志愿服务活动”，作为提高民生保障水平的重要内容。十八大明确提出到2020年全面建成小康社会的奋斗目标，农村贫困人口脱贫是全面建成小康社会最艰巨的任务，扶贫济困是传统慈善的主要内容，也是当代慈善应有之义和首要任务。发展慈善事业是脱贫攻坚不可或缺的重要力量，确保全体人民同步迈入全面小康，努力实现发展成果由人民共享，这是中国特色社会主义的本质要求。

9. 慈善法的调整范围是什么？

慈善法第二条规定：“自然人、法人和其他组织开展慈善活动以及与慈善有关的活动，适用本法。其他法律有特别规定的，依照其规定。”法律的调整范围，是立法必须考虑和明确的重要问题。狭义的调整范围一般指这部法调整哪些对象的哪些行为，广义的调整范围还包括在什么时间、什么地方发生效力。在此，我们着重介绍受慈善法调整的法律关系的主体及其行为。

一是慈善法的调整对象是“自然人、法人和其他组织”。俗话说，勿以善小而不为，慈善人人可为。大家在日常生活中的善行内容丰富，这些慈善行为是否都受慈善法调整？在慈善法起草过程中，存在不同意见。根据慈善是否通过慈善组织，可以分为慈善组织的慈善活动和慈善组织以外的慈善活动，慈善组织外的慈善活动主要指捐赠人直接向受赠人进行捐赠，或者志愿者直接向受益人提供服务。一种意见认为，慈善法是一部综合性法律，应当涵盖各种慈善行为，对慈善组织外的慈善活动，慈善法应当一并予以规范。另一种意见认为，慈善组织具有较强的组织性，涉及资金多，而且可以向公众募捐，慈善法应当着重规范慈善组织的活动，确保其达成慈善目的，慈善组织外的慈善活动，涉及资金少，风险小，可以交由合同法等民事法律来规范。

我们认为，在任何国家，慈善都不是完全通过慈善组织进行的，是否通过慈善组织，取决于慈善组织的发展程度，也取决于捐赠人或自愿者的选择。目前我国慈善组织发展面临很多困境，短时间内还难以树立强有力的公信力，游离于慈善组织之外的慈善活动必将在相当长一段时期内占有重要地位，慈善法对这部分慈善活动不应完全忽视，应当积极引导和规范，并将其纳入促进慈善事业发展的机制中。因此，慈善法调整所有民事主体开展的与慈善有关的活动。

从慈善事业发展现状和趋势看，慈善组织是开展慈善活动的中坚力量，2014 年我国社会接收捐赠总额超过 1000 亿元人民币，主要是通过慈善组织运作的。随着慈善环境的改善、慈善组织公信力的提升，我国慈善事业还将迎来新一轮发展高峰，而这也应该主要是通过慈善组织实现的。所以，慈善法在谋篇布局时，抓住慈善组织这个牛鼻子，着重规范慈善组织的各种行为，从设立登记到开展募捐，再到慈善财产的管理使用、慈善服务信息公开等全过程。对其他主体的慈善活动只作出必要规定，比如，捐赠人进行慈善捐赠，既可以通过慈善组织，也可以直接向受益人捐赠；慈善组织以外的自然人、法人和其他组织在慈善事业发展中做出突出贡献的，也应予以表彰等。

二是慈善法调整慈善活动以及与慈善有关的活动。“慈善活动”是自然人、法人和其他组织基于慈善目的开展的活动，如，慈善组织开展募捐活动、实施慈善项目，捐赠人捐赠财产，志愿者开展志愿服务等。“与慈善有关的活动”是指虽然不属于慈善活动，但与慈善有密切关系的其他活动，比如，县级以上人民政府及其有关部门对慈善活动的引导、促进和监督管理，慈善组织为实现财产保值、增值进行投资等。慈善法是一部促进慈善事业发展的综合性法律，不仅调整基于慈善目的开展的慈善活动，与慈善有关的活动也一并调整，这些与慈善有关的活动对于规范和促进慈善事业健康发展具有重要作用。

需要指出的是，慈善法第二条还规定，其他法律有特别规定的，依照其规定。这主要规范慈善法与红十字会法、公益事业捐赠法、合同法和信托法等法律的关系。这些法律对慈善活动的某一方面或者某些特殊主体作了规定，与慈善法有交叉、甚至有不一致的地方。根据立法法第九十二条的规定，同一机关制定的法律、行政法规、地方性法规、自治条例和单行条例、规章，特别规定与一般规定不一致的，适用特别规定。如果其他法律对慈善活动以及与慈善有关的活动有特别规定的，从其特别规定。

10. 什么是慈善活动？

“慈善”这个词，大家并不陌生，都能回想起很多与慈善有关的事，比如，向希望工程捐款，为重症患者集资等。但在慈善法中，慈善究竟是什么，与我们日常生活中的慈善有什么不同，在历次座谈会、研讨会中，这也总是讨论最多的问题之一。综合各方面意见，总的来说，慈善有狭义和广义之分。一种意见主张使用狭义的慈善即“小慈善”概念，主要是指扶贫、济困、扶老、助残、赈灾等，这是我国传统慈善事业的主要内容，一些地方制定的地方性法规或者政府规章用的就是“小慈善”；另一些意见则主张使用广义的慈善也就是“大慈善”概念，除涵盖狭义慈善内容外，还包括促进教育、科学、文化、卫生、体育事业发展，保护生态环境等旨在增进社会公共利益的活动。

慈善法采纳哪种意见，关系到我国慈善事业的基本制度，关系我国慈善事业发展的空间和方向，我们广泛听取各方面意见，对此进行了认真研究，最终采纳了“大慈善”的概念，慈善法第三条规定：“本法所称慈善活动，是指自然人、法人和其他组织以捐赠财产或者提供服务等方式，自愿开展的下列公益活动：（一）扶贫、济困；（二）扶老、救孤、恤病、助残、优抚；（三）救助自然灾害、事故灾难和公共卫生事件等突发事件造成的损害；（四）促进教育、科学、文化、卫生、体育等事业的发展；（五）防治污染和其他公害，保护和改善生态环境；（六）符合本法规定的其他公益活动。”慈善法采纳“大慈善”概念，主要基于以下几点考虑：

一是与我国经济社会发展相适应。一个国家慈善概念的大小与其所处的经济政治社会环境紧密相连。第二次世界大战结束后，随着各国经济发展和人们生活水平的提高，人们越来越关注弱势群体、精神生活以及社会全面发展和进步，各国慈善概念的范围也在不断扩大。我国改革开放以来，经济社会快速发展，物质基础更加坚实，人民群众生活水平显著提高，慈善意识不断增强，越来越多的个人、企业和社会组织有爱心、有能力参与慈善事业。我国在这样的社会背景下制定慈善法，起点较高，应当将慈善的概念定义得宽一些、开放一些。一些地方性法规和规章将慈善定义为“小慈善”，主要还是囿于当时缺乏上位法依据和社会共识。

二是与实践发展同步。从多次座谈会、研讨会的情况看，多数意见认同“大慈善”的概念，希望将慈善的内涵定义得广一些。改革开放以来，我国慈善事业发展迅速，慈善活动已经从传统的以扶贫济困为重点逐步向教育、科学、文化、卫生、体育、环保等其他社会公益事业领域不断拓展，不少社会组织也早已不局限于传统的扶危济困，而是将促进教育、卫生、环保等作为开展活动的重点，“小慈善”的概念已不能适应我国慈善事业的发展现状，法律应当与实践发展保持同步。

三是与我国现行法律相衔接。在起草慈善法之前，我国已有公益事业捐赠法和信托法对公益领域相关活动进行了规范。公益事业捐赠法第三条规定的“公益事业”，包括救助灾害、救济贫困、扶助残疾人等困难的社会群体和个人的活动；教育、科学、文化、卫生、体育事业；环境保护、社会公共设施建设；促进社会发展和进步的其他社会公共和福利事业。信托法第六十条规定的“公益信托”是指为了下列公共利益目的设立的信托：救济贫困；救助灾民；扶助残疾人；发展教育、科技、文化、艺术、体育事业；发展医疗卫生事业；发展环境保护事业，维护生态环境；发展其他社会公益事业。“大慈善”的概念与这两部法律有关“公益”的规定相呼应，三部法律有效衔接，将有助于合力推动我国慈善公益事业的发展。

四是与国际接轨。英国、美国、日本、俄罗斯、我国台湾地区、香港地区等尽管立法体制不同，但在慈善目的的认定上都采取了相对开放的态度，涵盖面较宽。以英国为例，英国《2006 年慈善法》规定，只有那些为公共利益服务的具备慈善目的的事业才能被认定为慈善。慈善目的具体有：（1）预防或消灭贫穷；（2）推进教育；（3）推进信仰；（4）增强健康或挽救生命；（5）推进公民或社区进步；（6）推进艺术、文化、遗产或科学的进步；（7）推进业余运动的进步；（8）推进人权、解决冲突或和解、促进宗教或种族的和谐或平等及多样性的进步；（9）促进环境保护和改善；（10）解决由于年幼、年龄、生病、残障、财政困难或者其他缺陷的需要；（11）推进动物福利；（12）促进王室武装力量的效率、警力的效率、火警及救生服务或者救护车服务；（13）其他符合本法相关条款的事业。从促进慈善国际交流的角度，应当在传统慈善基础上适当扩大慈善的概念。

在理解慈善法第三条含义时，还需要把握以下几个要件：

一是慈善活动的主体是自然人、法人和其他组织。慈善不是富人和慈善组织的专利，而是人人可为。慈善组织是开展慈善活动的核心力量，是慈善法应当重点规范的慈善活动主体，但同时，慈善法也鼓励和支持个人和其他组织积极开展慈善活动，而且慈善法第九十一条还规定，县级以上人民政府或者有关部门对在慈善事业发展中做出突出贡献的自然人、法人和其他组织应当予以表彰。

二是参与慈善，有捐赠财产、提供服务两种方式，简言之，“有钱出钱，有力出力”。长期以来，我们侧重强调通过捐赠财产的方式参与慈善，忽视服务型慈善，导致社会公众志愿服务参与意愿不足，参与程度低。慈善法明确将提供服务与捐赠财产并列为慈善活动的两种形式，将有助于慈善组织的多元化发展，也有助于激发公众参与志愿服务的积极性。

三是强调慈善活动的“自愿性”与“公益性”，自愿和公益是慈善活动的重要特征。自愿是慈善主体自主意愿的体现，任何人都不应当强迫他人，尤其是不得借助公权力强迫他人从事慈善，这违背了慈善的本意。公益与私益相对，慈善的本质是利他，为自己以及与自己有利害关系的人谋利益，不是慈善。自愿和公益是慈善的本质属性，贯穿慈善法全文，在具体制度中还会多次提及。

四是慈善概念的包容性。尽管慈善法第三条列举了扶贫、济困、防治污染、改善生态环境等近20项具体事项，但限于社会发展程度和立法者认知的局限，无法涵盖慈善组织当前以及今后开展的所有活动，特别在慈善法第三条最后一项规定了“符合本法规定的其他公益活动”，体现我国慈善概念的开放性和包容性，为慈善事业的发展预留空间。

11. 开展慈善活动应当遵循哪些原则？

慈善法第四条对开展慈善活动应当遵循的原则作了规定，即“开展慈善活动，应当遵循合法、自愿、诚信、非营利的原则，不得违背社会公德，不得危害国家安全、损害社会公共利益和他人合法权益。”

（1）合法原则。在法治社会，合法是所有活动的基本要求，慈善活动也不例外。慈善法是我国慈善领域的基础性法律，开展慈善活动首先要遵守慈善法的各项规定，同时，还要遵守其他法律法规的相关规定。如慈善信托首先要遵守慈善法的规定，慈善法没有规定的，还要遵守信托法的相关规定；县级以上人民政府作为慈善捐赠受赠人的，还应当遵守公益事业捐赠法的规定；在教育、科学、文化、卫生、体育、环保等领域开展慈善活动时，还应当符合教育法、体育法、科学技术进步法、科学技术普及法、文物保护法、环境保护法等其他法律的规定。

（2）自愿原则。慈善是一种发自内心、奉献爱心的善行，应当是自愿的，任何强制都违背了慈善的本意。任何人都有权按照自己的真实意愿独立自主地选择参与或者不参与慈善活动，其他人不得干涉。尤其是国家机关，不应当动用公权力强迫企业或者个人等主体捐财产，提供志愿服务或者开展其他慈善活动。

（3）诚信原则。诚信原则被视为民法中的“帝王条款”，要求民事主体在行使民事权利、履行民事义务时，应当讲究信用，严守诺言，诚实不欺，不损害他人利益和社会公共利益。当前，诚信危机是我国慈善领域存在的突出问题，慈善组织的公信力不高，捐赠人诺而不捐、慈善组织挪用善款，甚至有的组织和个人假借慈善名义骗取钱财的现象依然存在。慈善法将诚信作为慈善事业发展的基本原则，通过信息公开、赋予社会公众监督权利等一系列制度安排重塑公众对慈善的信心，推动慈善事业健康持续发展。

（4）非营利原则。非营利是慈善组织的基本特性之一，非营利是指慈善组织不得以营利为目的开展慈善活动，但非营利不等于非盈利。强调慈善组织的非营利性，并不是说慈善组织不能有收益或者盈利，或者开展慈善活动必须是无偿的，而是说慈善组织的收益或者盈利必须继续用于慈善目的，不得进行分配。

（5）不得违背社会公德，不得危害国家安全、损害社会公共利益和他人合法权益。尊重社会公德，维护国家安全，不损害社会公共利益以及他人合法权益是人们在社会交往和公共生活中应该遵守的基本准则，对于维护社会秩序，促进社会和谐具有重要意义，这在慈善领域同样重要。当前，有的组织和个人在开展慈善活动过程中，不尊重受益人的民族习惯和当地风俗，不尊重受益人的人格尊严；有的慈善组织为了得到捐赠，接受捐赠人的不合理要求或者非法条件；一些境外非营利组织打着慈善的名义从事危害我国国家安全的行为；等等。开展慈善活动只有守住不得违背社会公德、不得危害国家安全、不得损害社会公共利益以及他人合法权益的底线，才是真慈善，才能把好事办实办好，实现慈善目的。

12. 慈善法规定的慈善事业管理体制是怎样的?

慈善法第六条规定："国务院民政部门主管全国慈善工作，县级以上地方各级人民政府民政部门主管本行政区域内的慈善工作；县级以上人民政府有关部门依照本法和其他有关法律法规，在各自的职责范围内做好相关工作。”同时，慈善法还对慈善组织内部治理、行业自律和社会监督等作了规定。

（1）民政部门负有主管职责

长期以来，民政部门负责包括慈善组织在内的社会组织的登记管理，并制定慈善事业发展规划、规章和相关政策。1998 年国务院制定的《社会团体登记管理条例》《民办非企业单位登记管理暂行条例》和2004 年《基金会管理条例》都规定，国务院和县级以上地方人民政府民政部门是本级人民政府社会组织的登记管理机关。根据 2008 年《国务院办公厅关于印发民政部主要职责内设机构和人员编制规定的通知》（国办发［2008］62 号）的规定，在慈善事业发展方面，民政部负有“组织拟订促进慈善事业的政策”“组织、指导社会捐助工作”的职能，同时还承担“依法对社会团体、基金会、民办非企业单位进行登记管理和监察”以及“推进社会工作人才队伍建设和相关志愿者队伍建设”等与慈善事业密切相关的职能。地方各级人民政府据此对地方各级民政部门的职责也作出了相应规定。2014 年《国务院关于促进慈善事业健康发展的指导意见》（国发［2014］61 号）进一步明确了民政部门主管慈善工作、促进慈善事业发展的角色定位，强调要加强对慈善工作的组织领导，建立健全组织协调机制，并规定了民政部门的一些监管职责：民政部门“要围绕慈善组织募捐活动、财产管理和使用、信息公开等内容，建立健全并落实日常监督检查制度、重大慈善项目专项检查制度、慈善组织及其负责人信用记录制度，并依法对违法违规行为进行处罚。”由此可见，当前，慈善事业发展的日常监督管理职责主要由民政部门承担，近十年来，我国慈善事业发展迅速，社会组织数量逐年增加，社会捐赠总额总体呈增长态势，总体来说，是富有成效的。

在慈善法起草过程中，绝大多数意见赞成继续由民政部门主管慈善工作。也有部分意见建议借鉴英国的做法，设立国家慈善委员会作为国务院议事协调机构，负责综合协调各职能部门，统一监管我国慈善工作。我们认为，能否有效地监管慈善活动，并不在于是否设立慈善委员会这个新机构，而是在于监管措施的赋予是否合理，监管水平是否跟得上，监管是否及时、依法。慈善法从我国国情出发，保持目前行政管理体制不变，继续由民政部门主管慈善工作。慈善法监督管理一章详细规定了民政部门的具体职责和监管措施。

（2）政府其他相关部门应当依法各尽其责

民政部门“主管”慈善工作，并不是说与慈善有关的所有工作，都由民政一个部门负责监督管理。如前所述，慈善法规定的“慈善”是“大慈善”，涵盖教育、科学、文化、卫生、体育、生态环境等多项社会公益事业，不同领域都有相应行业行政主管部门。可见，慈善事业涉及部门众多，要形成监管合力，必须在明确主管职责的基础上，同时强调多部门的协同治理。鉴于此，慈善法第六条规定：“……县级以上人民政府有关部门依照本法和其他有关法律法规，在各自的职责范围内做好相关工作。”下面，就慈善事业管理中涉及的“有关部门”及其主要职责作简要说明。

财政、税务部门职责。发展慈善事业，离不开税收政策的支持。在发展慈善事业中，制定免税政策、确认慈善组织的免税资格、给予捐赠税收优惠、管理公益事业捐赠票据等与税收优惠有关的事项，主要是财政、税务部门的责任。负责税收减免工作的财政、税务部门，应当依法履行职责，及时办理相关手续，并依法对慈善组织、慈善信托的财务会计、享受税收优惠和使用公益事业捐赠统一票据等情况进行监督管理。

审计部门职责。慈善财产的使用应当公开透明，接受捐赠人、政府、社会等各方面的监督。根据审计法的规定，审计部门有权依法对通过政府资助或者购买服务获得财政资金的慈善组织或者慈善项目进行审计。

其他业务主管部门的监督职责。慈善监管还涉及教育、科学、文化、卫生、体育、环境保护、海关、公安等多个部门。例如，对境外捐赠用于慈善活动的物资，海关应当依法减征或者免征相应税收；对募捐活动涉嫌危害公共秩序、非法集资、诈骗的，公安机关有权查处；用慈善资金办学校、医院等，教育、卫生等有关部门依照职责分工有权监管。

（3）建立多层次监管体系，完善监督机制

《中国慈善事业发展指导纲要（2011—2015 年）》规定："推动建立政府有关部门的协调机制……推动建立政府部门与公益慈善组织之间的协调机制和公益慈善组织间的协作机制，形成政府协调机制与行业协作机制互补，政府行政功能与行业自治功能互动，政府管理与行业自律有机结合的公益慈善组织管理格局。"

慈善法除了在总则规定政府监管职责外，还在分则相关章对其他监督机制作了规定，建立起由政府监管、社会监督、行业自律和慈善组织自治相结合的多层次监管体系。如慈善法第十二条要求慈善组织建立健全内部治理结构，明确决策、执行、监督等方面的职责权限，依法进行会计核算，建立健全会计监督制度，并接受政府有关部门的监督管理。第十九条和第九十六条规定，慈善组织依法成立行业组织。行业组织应当建立健全行业规范，加强行业自律。第九十五条规定，建立慈善组织评估制度，鼓励和支持第三方机构对慈善组织进行评估；第九十七条规定，国家鼓励公众、媒体对慈善活动进行监督，发挥舆论和社会监督作用，任何单位或者个人发现慈善组织、慈善信托有违法行为的，可以向民政部门和其他有关部门或者慈善行业组织投诉、举报；等等。

13. 为什么将每年 9 月 5 日定为“中华慈善日”？

慈善法第七条规定：“每年 9 月 5 日为‘中华慈善日’。”设定慈善日，有利于每年定期相对集中地开展慈善宣传教育，在全国层面普及慈善法律法规，大力弘扬慈善文化，在全社会广泛开展爱心总动员，引导、鼓励人们义行善举，形成浓厚的慈善氛围。关于慈善日的具体日期，慈善法草案一审稿曾设在每年 3 月 5 日，全国人大常委会审议时，一些委员提出，3 月 5 日与我国已有的学雷锋纪念日、中国青年志愿者服务日相重合，而且依惯例，此日处在召开全国人民代表大会和全国政治协商会议期间，建议与国际慈善日接轨，将每年 9 月 5 日作为中华慈善日。

每年 9 月 5 日为国际慈善日，是 2012 年 12 月 17 日联合国大会第 A/RES/67/105 号决议决定的，“旨在客观认识并动员全世界人民、非政府组织和利益相关者通过志愿者和慈善活动帮助他人”。设立国际慈善日是为了纪念特里萨修女。特里萨修女1910年出生于马其顿一个富裕家庭，12岁萌生做修女的愿望，18岁赴印度致力于帮助那里的穷人，1950年在加尔各答成立仁爱传教修女会，将毕生献给扶贫济困这一伟大事业。在超过45年间，特里萨修女先后在印度及其他国家救助穷人、病人、孤儿及临终者，推动仁爱传教修女会不断壮大，享有“全世界穷人之母”的美誉，获得过多个国际性奖项，1979年被授予诺贝尔和平奖。特里萨修女逝世于1997年9月5日，享年87岁。

慈善组织

14. 什么是慈善组织?

慈善法第八条第一款规定:“本法所称慈善组织,是指依法成立、符合本法规定,以面向社会开展慈善活动为宗旨的非营利性组织。”根据这一规定,慈善组织须具备以下要件:

一是依法成立,即依照法律法规规定的条件和程序成立。这里所说的“法”,主要是指慈善法,也包括其他法律、行政法规有关设立慈善组织的规定,如《基金会管理条例》《社会团体登记管理条例》《民办非企业单位登记管理暂行条例》等。如果将来制定社会组织法,也包括该法在内。随着慈善法的出台,慈善组织要按照该法及相关配套的行政法规规定的条件和程序,直接向民政部门申请登记成立;未经民政部门登记的,不得以慈善组织名义进行活动。对于临时性、规模小等未经民政部门登记的其他组织,法律并没有禁止其开展慈善活动,根据慈善法第一百一十一条的规定，慈善组织以外的其他组织可以开展力所能及的慈善活动。

二是符合慈善法规定。慈善法主要是围绕慈善组织开展慈善活动而规定的，慈善组织必须遵守。特别是慈善法关于设立慈善组织的形式条件和以慈善为目的实质要求等，比如有关不得分配慈善财产、年度慈善活动支出和管理费用等方面规定，慈善组织必须符合这些基本要求。

三是以慈善为目的，即以面向社会开展慈善活动为宗旨。慈善组织作为专门从事慈善活动的社会组织，必须以增进社会不特定公众利益为宗旨，以奉献社会、服务大众为使命，不以特定私人利益作为组织目的。所谓“面向社会”，是指慈善组织开展慈善活动，应当通过公开、公正、公平的选择程序，让所有符合条件的群体都有机会受益。为自己服务或者团体成员互助的组织，都不属于慈善组织。

四是非营利性。所谓非营利性，核心要求就是不以营利为目的，利润不得用于分配，不以特定私人利益作为组织目的。慈善组织不得像企业、公司那样，以营利为目的从事活动。需要指出的是，非营利性不是不能有盈利，法律允许慈善组织为实现财产保值增值依法进行投资或者收取合理的服务费，但获得的全部收入必须用于慈善目的而不得分配。

15. 慈善组织非营利性的判断标准是什么?

国际上一般将政府以外的组织区分为以营利为目的的企业、公司等营利组织和不以营利为目的的非营利组织;非营利组织又可以区分为以不特定社会公众利益为目的的慈善组织和以成员共同利益为目的的非慈善组织(互益组织)。按照国际通行的五要素定义法,非营利组织的五个要素是:组织性、民间性、利润不分配、自治性、志愿性。慈善组织除具备以上五个要素外,还需满足以下五个条件:一是以公共利益目的为宗旨,即慈善组织一定是以奉献社会、服务大众为唯一使命的组织。二是有特定的活动领域,各国对慈善组织活动领域的界定不尽一致,但普遍包括扶贫、济困、教育、科学、文化、医疗卫生、体育、环保及社会服务等。三是非政治性,指不允许慈善组织参与政党活动、资助和参与竞选、参与实质性游说,不对立法进行实质性的支持或反对。四是非传教性,指不能借助慈善,在宗教场所以外的地方进行传教、布道。五是非歧视性,指慈善组织在运行时不得有歧视行为,禁止歧视性条款。各国法律对慈善组织的定义基本涵盖了上述内容,且重点强调的是前两个条件。如英国要求慈善组织必须符合两个条件:一是为了慈善公益目的而设立;二是能够证明其运行能为公众带来利益。美国国内税务局规定，为宗教、科学、公共安全试验、文学、教育、促进业余体育竞技或预防虐待儿童、动物等目的而成立和运行的组织为免税组织（慈善组织）。

在慈善法颁布之前，我国法律并没有对慈善组织这一概念加以界定。1999 年制定的公益事业捐赠法第十条第二款规定："本法所称公益性社会团体是指依法成立的，以发展公益事业为宗旨的基金会、慈善组织等社会团体"，这里出现了"慈善组织"这个名称，但并没有明确什么是慈善组织，而且将慈善组织与基金会并列，与慈善法规定的慈善组织在外延上有很大区别。按照民法通则的分类，我国的法人主要包括企业法人、社会团体法人和机关、事业单位。其中，企业法人是典型的营利性组织，社会团体法人就是非营利性的社会组织。

关于非营利组织的认定标准，企业所得税法第二十六条和企业所得税法实施条例第八十四条从税法角度作了明确。企业所得税法实施条例第八十四条规定："企业所得税法第二十六条第（四）项所称符合条件的非营利组织，是指同时符合下列条件的组织：（一）依法履行非营利组织登记手续；（二）从事公益性或者非营利性活动；（三）取得的收入除用于与该组织有关的、合理的支出外，全部用于登记核定或者章程规定的公益性或者非营利性事业；

(四）财产及其孳息不用于分配；（五）按照登记核定或者章程规定，该组织注销后的剩余财产用于公益性或者非营利性目的，或者由登记管理机关转赠给与该组织性质、宗旨相同的组织，并向社会公告；（六）投入人对投入该组织的财产不保留或者享有任何财产权利；（七）工作人员工资福利开支控制在规定的比例内，不变相分配该组织的财产。前款规定的非营利组织的认定管理办法由国务院财政、税务主管部门会同国务院有关部门制定。”在新的非营利组织认定标准出台之前，应当把慈善法的相关规定和企业所得税法实施条例第八十四条的规定结合起来，作为判断慈善组织非营利性的标准。

16. 慈善组织有哪些组织形式，它是新类型的社会组织吗?

慈善法第八条第二款规定：“慈善组织可以采取基金会、社会团体、社会服务机构等组织形式。”这一规定表明，慈善组织主要有三种组织形式，即：基金会、社会团体和社会服务机构。这就厘清了慈善组织与社会组织现有的三种形式的关系，也表明慈善组织不是一种新类型的社会组织。

在现有三类社会组织中，基金会是利用捐赠财产，以从事公益事业为目的的非营利性法人，总体上应当属于慈善组织，如中国青少年发展基金会、中国残疾人福利基金会、中华环境保护基金会、爱佑慈善基金会、安利公益基金会、北京大学教育基金会等。

社会团体是指公民自愿组成，实现会员共同意愿的非营利性社会团体法人，主要类型有协会、学会、研究会、促进会、联合会、校友会等。社会团体中，以慈善即社会公共利益为宗旨，而不是主要服务于会员群体利益的属于慈善组织，如中华慈善总会、中华环保联合会、中国扶贫开发协会、中国社会工作联合会等。主要服务于团体会员的社会团体不属于慈善组织，如行业协会、商会等。

社会服务机构此前被称为民办非企业单位，是指利用非国有资产举办，从事非营利性社会服务活动的社会组织，主要类型有非营利的民办教育机构、民办医疗机构、社工服务机构等。社会服务机构中面向广大公众、弱势群体提供慈善服务的属于慈善组织，如北京致诚农民工法律援助与研究中心、百年职校等。

据统计，截至 2015 年第 2 季度，各级民政部门登记的社会组织共 62.06 万家，其中，基金会 4313 家，社会团体中有慈善会 2000 多家。截至 2014 年底，全国基金会的净资产超过 1000 亿元人民币；2014 年全国基金会年度总收入约 500 亿元人民币，总支出约 400 亿元，公益事业支出约 380 亿元。慈善法施行后，民政部门要根据申请，对已经成立的基金会、社会团体和社会服务机构进行认定，符合条件的就是本法所称的慈善组织。新成立的社会团体、基金会和社会服务机构在成立时可以直接申请登记为慈善组织。

在慈善法颁布施行前，我国社会组织分别由《基金会管理条例》《社会团体登记管理条例》《民办非企业单位登记管理暂行条例》三部行政法规进行规制，基金会、社会团体、民办非企业单位三种社会组织之中都包含了慈善组织。

17. 慈善组织应当符合哪些条件?

慈善法第九条规定："慈善组织应当符合下列条件：（一）以开展慈善活动为宗旨；（二）不以营利为目的；（三）有自己的名称和住所；（四）有组织章程；（五）有必要的财产；（六）有符合条件的组织机构和负责人；（七）法律、行政法规规定的其他条件。"对慈善组织规定上述条件，是基于慈善组织的基本特征，没有这些具体条件作支撑，就成不了慈善组织。

（1）以开展慈善活动为宗旨

慈善组织是专门从事慈善活动的社会组织，从慈善业务领域来看，慈善法第三条规定的"大慈善"业务都可以成为慈善组织的具体服务宗旨。实践中，一个慈善组织的具体慈善宗旨不会多，通常有1至3项，如以扶贫、孤儿教育或者救治白血病人等为具体宗旨。正是这种特定的慈善宗旨，使各个慈善组织更加容易区别开来，满足大众日益多样化的需求。

（2）不以营利为目的

这是慈善组织非营利性的核心，也是慈善组织区别于公司、企业的本质所在。慈善组织可以依法开展募捐和接受捐赠，可以通过提供慈善服务适当收取费用，可以为实现财产的保值增值依法进行投资。开展这些活动的最终目的是为了实现慈善宗旨，而不是为了慈善组织及其管理人员的自身利益而营利。

（3）有自己的名称和住所

它们必须是规范的、具体的、清晰的、可识别的。例如，根据现行《社会团体登记管理条例》规定，以社会团体形式成立的慈善组织，其名称应当符合法律、法规的规定，不得违背社会道德风尚；社会团体的名称应当与其业务范围、成员分布、活动地域相一致，准确反映其特征；全国性的社会团体的名称冠以“中国”“全国”“中华”等字样的，应当按照国家有关规定经过批准，地方性的社会团体的名称不得冠以“中国”“全国”“中华”等字样。根据现行《民办非企业单位登记管理暂行条例》规定，社会服务机构（即民办非企业单位）的名称应当符合国务院民政部门的规定，不得冠以“中国”“全国”“中华”等字样。

（4）有组织章程

章程，是社会组织经特定程序制定的关于组织规程和办事规则的规范性文书。组织章程，通常用以对本组织的性质、宗旨、任务、机构、人员构成、内部关系、职责范围、权利义务、活动规则、纪律措施等做出明确规定。章程是组织的基本纲领和行动准则，在一定时期内稳定地发挥其作用，如需更改或修订，应履行特定的程序与手续；章程一经通过、实施，就对组织内部产生约束力，全体成员必须共同遵守，具有一定的规范作用和约束力。

（5）有必要的财产

这是对设立慈善组织的财产条件要求。《社会团体登记管理条例》规定，成立社会团体，应当有合法的资产和经费来源，全国性的社会团体有10万元以上活动资金，地方性的社会团体和跨行政区域的社会团体有3万元以上活动资金。《基金会管理条例》也对各类基金会的原始基金规定了最低限额。目前，三个社会组织条例都在抓紧修改，待新条例出台后，按新的标准执行。

（6）有符合条件的组织机构和负责人

一个健全的慈善组织通常要有决策、执行和监督机构及其负责人，这些机构和负责人要符合法律、行政法规规定的条件。比如，慈善法第十二条规定，慈善组织应当建立健全内部治理结构，明确决策、执行、监督等方面的职责权限。第十六条规定了不得担任慈善组织负责人的四种情形。《基金会管理条例》第二十条明确了基金会理事会的理事人数和任职要求：基金会设理事会，理事为5人至25人，理事任期由章程规定，但每届任期不得超过5年。用私人财产设立的非公募基金会，相互间有近亲属关系的基金会理事，总数不得超过理事总人数的1/3；其他基金会，具有近亲属关系的不得同时在理事会任职。在基金会领取报酬的理事不得超过理事总人数的1/3。

（7）法律、行政法规规定的其他条件

这是一个兜底条款，这些“其他条件”必须是法定的，而不是主管部门随意规定的。由于慈善组织有基金会、社会团体和社会服务机构三种形式，各个慈善组织从事的慈善业务所属行业领域也不相同，对不同形式、不同行业领域的慈善组织从事相关活动，我国有关法律、行政法规都相应规定了具体条件，这些条件有的相同，也有不同。比如，行政法规对基金会、社会团体和社会服务机构在资金、人数等方面都有不同的成立条件要求，对公募基金会和非公募基金会的成立要求也有区别。慈善法难以穷尽各种慈善组织的具体条件，只能对其中共同的条件作出原则性规定，其他条件要遵照其他法律、行政法规的规定。

需要指出的是，慈善法第九条侧重规定慈善组织的形式条件，但也有实质要件，即以开展慈善活动为宗旨、不以营利为目的。在实质要件的细化上，慈善法在第五十二、六十条等条文中作了具体规定。这些实质性条件，是构成慈善组织与其他组织区别的关键所在，也是享受国家税收优惠的必备条件，慈善组织必须符合。

18. 设立慈善组织须经哪些程序?

慈善法第十条分三款对不同情形下设立慈善组织的程序作了规定："设立慈善组织，应当向县级以上人民政府民政部门申请登记。民政部门应当自受理申请之日起三十日内作出决定。符合本法规定条件的，准予登记并向社会公告；不符合本法规定条件的，不予登记并书面说明理由。""本法公布前已经设立的基金会、社会团体、社会服务机构等非营利性组织，可以向其登记的民政部门申请认定为慈善组织，民政部门应当自受理申请之日起二十日内作出决定。符合慈善组织条件的，予以认定并向社会公告；不符合慈善组织条件的，不予认定并书面说明理由。""有特殊情况需要延长登记或者认定期限的，报经国务院民政部门批准，可以适当延长，但延长的期限不得超过六十日。"在工作实践中，慈善组织的登记认定既要依据慈善法上述的一般规定，又要依据慈善组织具体形式相应的行政法规，即：《基金会管理条例》、《社会团体登记管理条例》和《民办非企业单位登记管理暂行条例》的具体规定（将来修改后依照新规定办）。下面，分别对新设立慈善组织和本法公布前已设慈善组织两个方面的登记认定程序作一简要说明。

（1）新设立慈善组织的登记程序

第一，申请人向县级以上人民政府民政部门提交成立基金会、社会团体或者社会服务机构的申请，在申请书和章程中应当明确载明申请成立的是慈善组织。申请应当符合慈善法第九条以及相应慈善组织形式对应的相关法律和行政法规的要求。如申请成立基金会，除应当符合慈善法第九条规定外，还应当符合《基金会管理条例》的相关规定。《基金会管理条例》的规定与慈善法规定不一致的，按照慈善法的规定办理。

第二，民政部门自收到全部有效文件之日起30日内，按照法律法规规定的条件和程序进行审查，作出准予登记或者不予登记的决定；因特殊情况需要延长登记期限的，经国务院民政部门批准，可以适当延长，但延长期限不得超过60日。

第三，准予登记的，民政部门根据申请人的申请发给基金会、社会团体或者社会服务机构法人登记证书，登记证书上载明其组织属性为慈善组织，并向社会公告；不予登记的，登记管理机关应当向申请人书面说明理由。

（2）慈善法公布前已经设立的社会组织的认定程序

第一，基金会、社会团体、社会服务机构向原登记的民政部门提交认定为慈善组织的申请。因为其已经是经合法登记成立的社会组织，只是囿于当时的规定，不具有慈善组织的身份。所以，其申请应当符合慈善法第九条规定的要求，明确以开展慈善活动为宗旨。

第二，民政部门自收到全部有效文件之日起 20 日内，作出准予或者不予认定为慈善组织的决定；因特殊情况需要延长认定期限的，经国务院民政部门批准，可以适当延长，但延长期限不得超过 60 日。

第三，准予认定的，换发新的基金会、社会团体或者社会服务机构法人登记证书，载明其组织属性为慈善组织，并向社会公告；不予认定的，应当书面说明理由。

需要指出的是，根据行政许可法第八十二条规定，行政机关实施行政许可的期限以工作日计算，不含法定节假日。行政许可法第四十五条还规定：“行政机关作出行政许可决定，依法需要听证、招标、拍卖、检验、检疫、检测、鉴定和专家评审的，所需时间不计算在本节规定的期限内。行政机关应当将所需时间书面告知申请人。”由于慈善组织涉及的领域广泛，专业性强且情况复杂，在审查慈善组织设立申请或认定申请时，有可能会按照行政许可法规定举行听证、专家评审等。如果涉及上述规定的，民政部门也要及时将听证或专家评审所需时间书面告知申请人。

另外，根据《社会团体登记管理条例》《基金会管理条例》《民办非企业单位登记管理暂行条例》的规定，对于这三类组织采取的都是分级登记管理体制。县、设区的市、省级和国务院民政部门分别负责本级的社会组织登记和慈善组织认定。

（3）慈善法公布后设立的非营利组织可否申请认定为慈善组织

慈善法公布后以及施行以后登记的基金会、社会团体和社会服务机构，如果在设立时未选择登记为慈善组织，在运营一段时间后打算转变为慈善组织，是否可以向其登记的民政部门申请认定为慈善组织，还是先注销登记，再重新登记为慈善组织？在慈善法起草和审议过程中，对这一问题有不同看法。一种意见主张采取登记与认定并行的制度，即发起人可以选择在组织成立时直接登记为慈善组织，也可以先登记为一般的非营利组织（如社会团体、社会服务机构等），运营一段时间后再申请认定为慈善组织。全国人大内司委提请常委会审议的一审稿采取的就是这一方案。第二种意见主张“认定”只解决慈善法公布前的“存量”问题，慈善法公布以后设立的非营利组织，如果在成立时未选择登记为慈善组织，运营一段时间后打算转变为慈善组织，应当先注销登记，再重新登记为慈善组织。我们认为，从慈善法第十条第二款的规定来看，“认定”确实是只针对慈善法公布前设立的非营利组织，对慈善法公布以后设立的非营利组织认定为慈善组织缺乏法律依据，比较稳妥的办法是先注销登记，再重新登记为慈善组织。

（4）事业单位和非法人社会组织可否认定为慈善组织

除了基金会、社会团体、社会服务机构三类社会组织以外，事业单位可否认定为慈善组织，这要结合事业单位改革情况来定，目前还不能纳入慈善组织范畴。未经登记的社区服务类社会组织以及其他非法人社会组织，由于其不具备独立承担民事责任的主体资格，难以按照慈善法的规定建立健全内部治理结构和决策、执行、监督机制，难以完整地行使慈善法赋予慈善组织的权利并承担相关义务，所以，不宜认定为慈善组织。但这些组织依然可以开展力所能及的慈善活动，做出突出贡献的，依然可以受到慈善表彰。

19. 慈善法关于慈善组织的登记认定如何与现行非营利组织登记管理体制相衔接？

慈善法在组织形式上，明确了慈善组织采用基金会、社会团体、社会服务机构等现有的社会组织三种具体形式，而不是在现行社会组织类型之外再增加一种新的组织类型。本法所称的“社会服务机构”即《民办非企业单位登记管理暂行条例》所称的“民办非企业单位”。

长期以来，以《社会团体登记管理条例》《基金会管理条例》《民办非企业单位登记管理暂行条例》等行政法规为依据，我国形成了“归口登记、双重管理、分级负责”的社会组织登记管理体制，是慈善组织登记管理的基本遵循。社会组织按照行政层级由县以上各级民政部门分级负责登记，全国性的社会组织由民政部登记。在登记程序上，所有的社会组织按照其类别分别适用上述三个条例的有关规定。已经成立的社会组织可以向其登记的民政部门申请认定为慈善组织；新成立的慈善组织应当在申请成立登记的同时明确其慈善组织属性。民政部门进行慈善组织认定应当遵守慈善法规定的条件、程序和时限。按照“谁审批、谁监管”的原则，对慈善组织进行登记和认定的民政部门是该组织的登记管理机关，对该组织履行监管职责，对发生的违法行为依法进行处罚。这一安排充分尊重了现行社会组织登记管理体制中的合理部分，保留了分级登记监管体系。但是，为了落实党的十八届三中全会关于“激发社会组织活力”“重点培育和优先发展行业协会商会类、科技类、公益慈善类、城乡社区服务类社会组织，成立时直接依法申请登记”的要求，这次慈善立法对我国社会组织登记制度进行了重大改革，即设立慈善组织直接依法向各级民政部门申请登记（法律、行政法规另有规定的除外）。

慈善法第二十条规定："慈善组织的组织形式、登记管理的具体办法由国务院制定。"依据这一条和慈善法的其他有关规定，《社会团体登记管理条例》、《基金会管理条例》和《民办非企业单位登记管理暂行条例》要按照慈善法的有关规定进行修订，形成法律和行政法规的有效衔接。除了登记认定以外，慈善法还明确规定"慈善组织应当每年向其登记的民政部门报送年度工作报告和财务会计报告"，改变了现行的社会组织年检制度，明确了慈善组织信息公开、民政部门和有关部门对慈善活动进行监督检查、建立慈善组织评估制度、慈善组织及其负责人社会信用记录制度等规范，既延续了我国社会组织登记管理的一些规定，又有新的变化，三部条例的修订和慈善法配套制度的制定要按照这些延续和变化来构建新的慈善组织监管制度。因此，要使慈善法关于设立慈善组织等规定落到实处，必须抓紧修改上述三部条例，不然，会影响到慈善法相关规定的实施。

20. 慈善组织章程应当载明哪些事项？

慈善法第十一条规定："慈善组织的章程，应当符合法律法规的规定，并载明下列事项：（一）名称和住所；（二）组织形式；（三）宗旨和活动范围；（四）财产来源及构成；（五）决策、执行机构的组成及职责；（六）内部监督机制；（七）财产管理使用制度；（八）项目管理制度；（九）终止情形及终止后的清算办法；（十）其他重要事项。”

章程是慈善组织实现自治、自我管理最根本的制度，章程对于一个慈善组织的地位、作用，相当于宪法对于一个国家那样重要和必不可少。章程是慈善组织内部治理和开展活动的重要依据，也是政府和社会对慈善组织进行监督管理的依据之一。章程是确定慈善组织权利、义务关系的基本法律文件，慈善组织依据章程享有各项权利，并承担各项义务。

慈善法第十一条对慈善组织章程的制定和内容进行了规范，主要提出了两个方面的要求：

一是明确了慈善组织的章程应当符合法律法规的规定。任何组织的内部制度都必须建立在国家现有法律法规的基础之上，不允许有超越或违背国家法律法规的内容出现。章程虽然是慈善组织自治意志的体现，但也必须遵守国家有关法律法规，否则将是无效的。

二是列举了慈善组织章程应当载明的十个重要事项。其中，设立宗旨及业务范围、决策、执行机构的组成及职责、内部监督机制、财产管理使用制度、项目管理制度是章程的核心内容，是决定慈善组织能否健康可持续发展的关键所在。

此外，《社会团体登记管理条例》规定社会团体的章程应当包括：名称、住所；宗旨、业务范围和活动地域；会员资格及其权利、义务；民主的组织管理制度，执行机构的产生程序；负责人的条件和产生、罢免的程序；资产管理和使用的原则；章程的修改程序；终止程序和终止后资产的处理等。《基金会管理条例》规定基金会的章程应当包括：名称及住所；设立宗旨和公益活动的业务范围；原始基金数额；理事会的组成、职权和议事规则，理事的资格、产生程序和任期；法定代表人的职责；监事的职责、资格、产生程序和任期；财务会计报告的编制、审定制度；财产的管理、使用制度；基金会的终止条件、程序和终止后财产的处理。《民办非企业单位登记管理暂行条例》规定民办非企业单位（即本法所称社会服务机构）的章程应当包括：名称、住所；宗旨和业务范围；组织管理制度；法定代表人或者负责人的产生、罢免的程序；资产管理和使用的原则；章程的修改程序；终止程序和终止后资产的处理等。上述内容是不同形式的慈善组织章程中应当包含的。当然，三个条例修改以后，按照新规定执行。

此外，民政部还依据上述法律和行政法规的规定，分类制定了包括慈善组织在内的各类社会组织的章程示范文本，慈善组织在制定章程时可以参照。

21. 慈善组织如何建立健全内部治理结构和管理制度？

慈善法第十二条分两款对慈善组织内部治理结构和管理制度作了原则性规定："慈善组织应当根据法律法规以及章程的规定，建立健全内部治理结构，明确决策、执行、监督等方面的职责权限，开展慈善活动。""慈善组织应当执行国家统一的会计制度，依法进行会计核算，建立健全会计监督制度，并接受政府有关部门的监督管理。"

慈善组织内部治理结构，是慈善组织内部按照分工要求形成的各个相互作用的组织结构，以求有效、合理地把组织成员动员起来，为实现共同目标而协同努力。一个规范的慈善组织，通常需要决策、执行、监督三个方面的内部治理机构：决策机构是承担本组织决策任务、行使决策权力的机构，如社会团体的成员大会等；执行机构是负责执行决策机构做出的决策、执行任务的机构；监督机构是负责监督执行决策任务的机构。决策机构、执行机构和监督机构各司其职，互相配合，共同完成慈善组织的使命。

我国《基金会管理条例》等有关社会组织的三部行政

法规对基金会、社会团体和民办非企业单位（社会服务机构）内部治理均有明确规定。对于目前的三类社会组织而言，内部治理结构既有共同之处，也有差异。社会团体的最高权力机构是会员大会（或会员代表大会），并由会员大会（或会员代表大会）选出理事会作为执行机构，根据会员大会（或会员代表大会）的授权在闭会期间领导社会团体开展日常工作。基金会和民办非企业单位的最高权力机构是理事会，基金会由秘书长领导内设机构负责日常管理，对理事会负责；民办非企业单位由院长（或校长、所长、主任等）领导内设机构负责日常管理，对理事会负责。社会团体和民办非企业单位目前没有设立监事的强制性规定。基金会要设监事进行内部监督。在行政法规或章程范本等规范性文件中，对于会员（代表）大会、理事会的构成及行为准则，如人数、会议召开的次数、表决的程序等，也有较为详细的规定。从国外相关立法来看，很多国家都重视慈善组织内部治理问题。比如，美国规定慈善组织的组织机构必须由董事会和执行官组成。日本规定非营利组织必须有理事，公益组织应设监事、评议员，应有专职的审计人员。《俄罗斯慈善活动和慈善组织法》专门对慈善组织的最高管理机关及其职权等事项作出详细规定。

在政府职能转换、国家治理结构转型和加强社会建设的背景下，包括慈善组织在内的社会组织的发展与治理，已经成为近年来理论界和管理层都十分关注的现实课题。改革开放30多年以来，社会组织的发展空间得到极大的拓展，各种类型的社会组织快速成长，他们在提供社会服务、参与社会治理、推动政府机构改革等方面发挥着越来越重要的作用。但这些慈善组织在成长发育过程中仍然面临诸多难题，一些组织自身还存在内部治理结构单一、管理制度不完善不透明、慈善活动运作不规范、社会公信力不高等，影响了慈善事业的健康发展。

自治性是慈善组织建立独立法律主体地位的基本要求，也是接受政府监管和社会监督的基础。而要实现自治，慈善组织必须建立健全内部治理结构和相关管理制度。2014年《国务院关于促进慈善事业健康发展的指导意见》强调，要“切实加强慈善组织自我管理。慈善组织要建立健全内部治理结构，完善决策、执行、监督制度和决策机构议事规则，加强内部控制和内部审计，确保人员、财产、慈善活动按照组织章程有序运作”。延伸来讲，慈善组织为了实现有效的自我治理，应当主要在三个方面进行规范：一是去行政化，在职能、机构、人员、财产方面均实现独立自主。二是明确治理方式，建立以章程为核心、以会员大会或理事会为最高权力机构的组织、议事、决策、监督机制，维护组织的权利；由于存在所有者缺位，还要充分考虑会员大会或理事会不能正常履职时的救济措施。三是建立行为准则，要求慈善组织在筹集财产、开展慈善活动、资产保值增值、信息公开等各个环节都遵守行为规范、建立内部控制机制，对自己的行为独立承担责任，对慈善财产承担全部责任。

除了内部治理结构、运行机制外，慈善组织还应当依照慈善法和其他法律、行政法规要求，建立健全各方面日常管理制度，包括劳动人事制度、工资报酬制度、财务管理制度等。由于慈善组织开展慈善活动涉及大量资金等财产，慈善法对其会计制度专门作出规定。在执行的会计制度方面，《民间非营利组织会计制度》（以下简称《制度》），在会计要素、计量基础、净资产的核算和列报、收入确认、费用分类，以及会计报表构成等方面，均与一般常用的企业会计制度有较大区别：一是会计要素。《制度》没有设置企业会计中的所有者权益和利润会计要素，而是采用了净资产，也没有设置预算会计中的支出会计要素，而是采用了费用。二是会计计量基础。捐赠、政府补助等是无偿取得，无法按实际成本原则确认和计量，因此引入了公允价值等计量基础。三是净资产的核算和列报。非营利组织净资产主要来自捐赠，而捐赠经常有时间或用途的限定，适应这个特点，《制度》将净资产分为限定性净资产和非限定性净资产两类进行核算和列报。四是收入的确认。非营利组织的收入既有捐赠、会费等非交换交易收入，又有提供服务收入、投资收益等交换交易收入，制度对此进行了区分。五是费用的分类。适应评价非营利组织经营绩效的要求，《制度》对费用的会计核算严格区分业务活动成本和期间费用。六是财务会计报告的内容及其组成。非营利组织的财务会计报告至少应当包括资产负债表、业务活动表、现金流量表三张基本报表以及会计报表附注等内容，与企业也有较大差别。

22. 慈善组织每年向民政部门提交年度报告应当包括哪些内容，未依法报送年度报告应承担什么责任？

多年以来，年度检查是民政部门对慈善组织实施监督管理的重要方式。国务院《社会团体登记管理条例》《民办非企业单位登记管理暂行条例》《基金会管理条例》等行政法规都规定了慈善组织接受年度检查的义务。民政部《民办非企业单位年度检查办法》《基金会年度检查办法》等规章还对慈善组织年度检查作出了详细规定。不过，实践中，慈善组织年检制度存在不少问题，比如民政部门因力量有限难以进行实质性检查从而导致年检流于形式，而慈善组织却为此要付出大量人力物力，在一些地方，年检还给慈善组织申请税前扣除资格带来影响，等等。慈善法起草过程中，慈善组织普遍希望改革年检制度。立法者根据社会各界的意见和实际情况，在法律中将年度检查改为年度报告。

慈善法第十三条规定："慈善组织应当每年向其登记的民政部门报送年度工作报告和财务会计报告。报告应当包括年度开展募捐和接受捐赠情况、慈善财产的管理使用情况、慈善项目实施情况以及慈善组织工作人员的工资福利情况。"

慈善组织每年向民政部门提交年度报告，是主动接受民政部门监督检查的方式之一，也是民政部门确认慈善组织是否依法依规开展活动的重要依据。慈善组织经民政部门核准登记取得合法身份，仅仅是其活动的开始，更为重要的是要在今后的活动中不断规范自身行为，不断完善和发展。提交年度报告，接受民政部门的监管，是促进慈善组织健康有续发展的重要手段，也是民政部门不断完善相关政策，提高监管水平的有效途径。

根据法律要求，慈善组织在提交年度工作报告的同时，还要提交财务会计报告。财务会计报告必须按照会计法和《民间非营利组织会计制度》进行编制，确保报告真实完整。

值得一提的是，在法律草案起草过程中，有些人曾提出建议，慈善组织提交的财务会计报告应当事先经过审计。只有这样，才能保证财务会计报告的真实性和规范性，方便监管。不过，许多慈善组织提出，如果每年都聘请会计师事务所对财务会计报告进行审计，对于一些小微慈善组织来说，年度支出可能只有几千元，但审计费用也要上千元，负担过重，而且实际意义不大，因此建议不搞“一刀切”。立法者采纳了这一的建议，并未要求所有慈善组织提交的财务会计报告都要事前经过审计。根据慈善法第七十二条的规定，具有公开募捐资格的慈善组织的财务会计报告须经审计。另外，民政部门也可以委托会计师事务所对慈善组织提交的财务会计报告进行抽查审计。

慈善法同时对不依法报送年度工作报告的慈善组织规定了法律责任。依据慈善法第九十九条规定，慈善组织未依法报送年度工作报告和财务会计报告的，由民政部门予以警告、责令限期改正；逾期不改正的，限期停止活动并进行整改；经依法处理后一年内再次出现上述情形或有其他情节严重情形的，吊销登记证书。

23. 慈善组织发生关联交易应当遵循哪些要求？

慈善法第十四条对慈善组织关联交易事项分两款作了规定：“慈善组织的发起人、主要捐赠人以及管理人员，不得利用其关联关系损害慈善组织、受益人的利益和社会公共利益。”“慈善组织的发起人、主要捐赠人以及管理人员与慈善组织发生交易行为的，不得参与慈善组织有关该交易行为的决策，有关交易情况应当向社会公开。”

根据财政部2006年颁布的《企业会计准则第36号——关联方披露》的规定，在企业财务和经营决策中，如果一方控制、共同控制另一方或对另一方施加重大影响，以及两方或两方以上同受一方控制、共同控制或重大影响的，构成关联方。凡以上关联方之间发生转移资源或义务的事项，不论是否收取价款，均被视为关联交易。在市场经济条件下，从有利的方面讲，交易双方因存在关联关系，可以节约大量商业谈判等方面的交易成本，并可运用行政的力量保证商业合同的优先执行，从而提高交易效率；从不利的方面讲，由于关联交易方可以运用行政力量撮合交易的进行，从而有可能使交易的价格、方式等在非竞争的条件下出现不公正情况，形成对慈善组织或者其他权利人权益的侵犯。由此可见，关联交易原本是企业经营领域的概念，慈善法之所以引入此概念，并对有关交易行为加以规范，是因为从某种意义上来说，慈善组织与其发起人、主要捐赠人以及管理人等之间也存在类似的控制或重大影响的关联关系，也可能发生类似的关联交易。

慈善法所说的关联交易，是指慈善组织与在本组织直接或间接占有权益、存在利害关系的关联方之间所进行的交易。关联方包括自然人、法人和其他组织，主要是慈善组织的发起人、主要捐赠人及行政管理人员等。慈善组织的发起人、主要捐赠人以及管理人员与慈善组织发生的交易行为，一般包括以下几种类型：（1）购买或销售商品；（2）购买或销售除商品之外的其他资产，如设备、建筑物等；（3）提供或接受劳务；（4）担保，如贷款担保；（5）提供资金，如以现金或实物形式提供贷款或股权投资；（6）租赁；（7）代理，如代理销售货物或代理签订合同等；（8）研究与开发项目的转移；（9）代表企业或由企业代表另一方进行债务结算；（10）支付关键管理人薪酬。在实际工作中，前3类关联交易是发生频率最高的，也是应当重点关注的情形。

需要注意的是，慈善法并未禁止关联交易，而是要求慈善组织的关联方不得利用其关联关系，损害慈善组织、受益人的利益和社会公共利益。这是基于慈善组织与关联方的交易也有可能是有利于慈善组织发展和社会公共利益的，不应当一律禁止。但是，从保障各方利益出发，慈善法也作了两条防范性规定：一是当慈善组织的发起人、主要捐赠人以及管理人员与慈善组织发生交易行为时，由于他们在慈善组织进行决策时可能会对其他人员的决策产生重要影响，为避免他们通过影响其他人员决策而使其个人获益，从而确保决策的客观公正，要求其不得参与慈善组织有关该交易行为的决策。二是要求有关交易情况应当向社会公开，通过社会公众来监督交易是否符合慈善组织、受益人利益和社会公共利益，这也是与《企业会计准则第36 号——关联方披露》的精神相一致，即将关联交易的信息披露放在十分重要的位置。如果社会公众发现慈善组织关联交易有违法情形的，可以向民政部门、其他有关部门或者慈善行业组织投诉、举报。

慈善组织违法进行关联交易的，要承担法律责任。根据慈善法第九十九条规定，慈善组织违反第十四条关联交易规定，造成慈善财产损失的，由民政部门予以警告、责令限期改正；逾期不改正的，责令限期停止活动并进行整改；经依法处理后一年内再出现违反交联交易规定的情形，或者有其他情节严重情形的，由民政部门吊销登记证书并予以公告。按照民法规定，相关责任人要承担民事赔偿责任。需要说明的是，发起人、主要捐赠人以及管理人员向慈善组织进行捐赠不属于关联交易。

24. 哪些人不得担任慈善组织负责人？

慈善组织负责人是指在慈善组织中担任秘书长以上职务的人员，具体包括在基金会中担任理事长、副理事长、秘书长，社会团体中担任理事长（会长）、副理事长（副会长）、秘书长，社会服务机构中担任理事长、副理事长、执行机构负责人（院长或校长、所长、主任等）等职务的人员。慈善组织具有较强的公益性、公共性和非营利性，应当具备一定的社会公信力。负责人作为慈善组织日常事务的决策者或执行者，也应当具备良好的个人信誉和相适应的工作能力，其基本素质和能力将直接影响到慈善组织的健康发展，影响到慈善活动参与人及公共利益的实现。

慈善事业本身就是一项献爱心的高尚事业，需要有高尚道德情操的人来做。因此，对慈善组织管理者和其他从业人员理应有较高的道德修养方面的要求。慈善法第十六条对慈善组织负责人的任职资格作了排除性规定，有下列情形之一的，不得担任慈善组织的负责人：

（1）无民事行为能力或者限制行为能力。民事行为能力是指能够以自己的行为依法行使权利、承担义务，从而使法律行为发生、变更或消灭的资格。慈善组织作为独立的法人主体，其负责人应当具备完全民事行为能力，以保障慈善组织的权益和开展正常的慈善活动。因此，无民事行为能力人或者限制民事行为能力人，不得担任慈善组织的负责人。

（2）因故意犯罪被判处刑罚，自刑罚执行完毕之日起未逾五年。这是因为因故意犯罪被判处刑罚的人，其违法行为达到了触犯刑律、受到刑罚处罚的严重程度，且其犯罪行为具有主观上的故意，也就是具有主观恶性，其信誉无法得到保障，所以，在一定期间内不得担任慈善组织的负责人。需要指出的是，因过失犯罪被判处刑罚的人不受此限。这主要是考虑到故意犯罪和过失犯罪在主观意识上具有本质区别。

（3）在被吊销登记证书或者被取缔的组织担任负责人，自该组织被吊销登记证书或者被取缔之日起未逾五年。这是因为担任过被吊销登记证书或者被取缔的组织负责人的人，对该组织被吊销登记证书或者被取缔负有个人责任，其再次担任慈善组织负责人的能力及个人信誉会受到质疑。因此，这类人在一定时期内，也不得担任慈善组织的负责人。

（4）法律、行政法规规定的其他情形。这里主要是指在慈善法之外，其他法律、行政法规对基金会、社会团体、社会服务机构等非营利组织负责人的任职上的限制性规定。比如，《基金会管理条例》第二十三条第一款规定："基金会理事长、副理事长和秘书长不得由现职国家工作人员兼任。基金会的法定代表人，不得同时担任其他组织的法定代表人。公募基金会和原始基金来自中国内地的非公募基金会的法定代表人，应当由内地居民担任。"《社会团体登记管理条例》第十四条第二款规定："社会团体的法定代表人，不得同时担任其他社会团体的法定代表人。"另外，也有在某一特殊领域，相关法律、行政法规对慈善组织负责人的特殊任职规定等。

25. 慈善组织在哪些情形下应当终止?

慈善法第十七条规定:“慈善组织有下列情形之一的,应当终止:(一)出现章程规定的终止情形的;(二)因分立、合并需要终止的;(三)连续二年未从事慈善活动的;(四)依法被撤销登记或者吊销登记证书的;(五)法律、行政法规规定应当终止的其他情形。”

慈善组织终止,是指慈善组织根据法定程序彻底结束慈善活动并使慈善组织的法人资格归于消灭的事实状态和法律结果。根据慈善法第十七条规定,慈善组织终止的法定条件有五种:

(1)出现章程规定的终止情形。章程是慈善组织的根本性规章制度,是慈善组织赖以存续和运作的“根本大法”。如果慈善组织在章程中规定了终止条件,而且这种终止条件已经出现的,就应当终止。例如,某基金会在章程中规定自己的宗旨是进行一项为期10年的公益资助。在基金会设立并开展公益资助满10年后,就达到了基金会的终止条件。再如,某慈善组织在章程中规定自己的宗旨是对患有某种特殊疾病的人士实施救助,当某种特定疾病被彻底消除,再没有患该病的人后,就达到了该慈善组织的终止条件。

（2）因分立、合并需要终止。慈善组织分立是指原有的一个慈善组织分成两个或两个以上独立慈善组织的法律行为，可分为存续分立和解散分立两种形式。存续分立是指一个慈善组织分立成两个以上慈善组织，本慈善组织继续存在并设立一个以上新的慈善组织；解散分立是指一个慈善组织因解散而不再存续，同时设立两个以上新的慈善组织的情况。在解散分立的情形下，就出现了需要慈善组织终止的情形。慈善组织合并是指两个或两个以上慈善组织共同组成一个慈善组织的法律行为，包括吸收合并和新设合并两种形式。吸收合并是指将一个或一个以上的慈善组织并入另一个慈善组织，并入的慈善组织需要终止，其法人资格消失，接受合并的慈善组织继续存在。新设合并是指两个或两个以上的慈善组织以终止各自的法人资格为前提而合并组成一个新的慈善组织，在这种情形下，原有慈善组织均需要终止。

（3）连续二年未从事慈善活动。慈善组织是以开展慈善活动为宗旨的非营利性组织，善款应当被合理使用，实现捐赠人期望的目的，而不是躺在慈善组织的账户中“睡觉”，这也正是慈善法之所以要规定慈善组织的年度支出比例的原因。如果慈善组织连续二年没有按照章程规定的宗旨从事慈善活动，慈善组织也就失去了存在的意义，因而应当终止。

（4）依法被撤销登记或者吊销登记证书。撤销登记和吊销登记证书，是登记管理机关在社会组织监督管理实践中常见的行政行为。撤销登记是行政管理机关依据行政许可法的规定，对已作出的行政许可的撤回或者撤销，其法律后果是社会组织已经取得的行政许可被撤回或者撤销，法人主体资格也随之被消灭。吊销登记证书属于行政处罚措施，实施这种行政处罚的原因是依法成立的社会组织存在比较严重的违法行为，其后果是丧失已经获得的登记证书，依法进行清算后终止。

（5）法律、行政法规规定应当终止的其他情形。这是慈善组织终止情形的兜底条款，除了慈善法规定的上述四个方面的法定情形外，其他法律、行政法规规定慈善组织终止条件的，如不可抗力、战时动员、特殊法令等，也将导致慈善组织终止的法律后果。

26. 慈善组织终止清算应当遵循哪些要求？

清算是终结慈善组织的法律关系、消灭慈善组织法人资格的程序。慈善法第十八条分四款对慈善组织的终止清算作了规定："慈善组织终止，应当进行清算。""慈善组织的决策机构应当在本法第十七条规定的终止情形出现之日起三十日内成立清算组进行清算，并向社会公告。不成立清算组或者清算组不履行职责的，民政部门可以申请人民法院指定有关人员组成清算组进行清算。”“慈善组织清算后的剩余财产，应当按照慈善组织章程的规定转给宗旨相同或者相近的慈善组织；章程未规定的，由民政部门主持转给宗旨相同或者相近的慈善组织，并向社会公告。”“慈善组织清算结束后，应当向其登记的民政部门办理注销登记，并由民政部门向社会公告。”根据此条规定，慈善组织终止清算应当遵循以下要求：

第一，清算程序的启动时间是法定终止情形出现之日起三十日内。慈善法第十七条规定了慈善组织应当终止的五种情形，即：因分立、合并需要终止的，出现章程规定的终止情形的，连续二年未从事慈善活动的，依法被撤销登记或者吊销登记证书的，法律、行政法规规定应当终止的其他情形。慈善组织出现上述任一情形之日起三十日内，应当主动启动终止清算程序，并向社会公告。不主动启动清算程序的，民政部门可以申请人民法院指定有关人员启动清算程序。

第二，清算的主体为清算组。清算组由慈善组织的决策机构（一般为慈善组织的理事会、常务理事会、会员大会或会员代表大会等）成立。如果慈善组织的决策机构不成立清算组或者清算组不履行职责的，民政部门可以申请人民法院指定有关人员组成清算组。

第三，清算组成立后，慈善组织原来的决策机构和其他机构即丧失权力，由清算组取而代之。清算中，慈善组织不能开展清算以外的活动。清算组的职责是清理慈善组织财产、通知或公告债权人、处理慈善组织未了结的业务、清缴所欠税款、清理债权债务、处理慈善组织清偿债务后的剩余财产、代表慈善组织参与民事诉讼活动等。

第四，慈善组织清算后的剩余财产，按照慈善组织章程的规定处理；章程未规定的，由民政部门主持转给宗旨相同或者相近的慈善组织，并向社会公告。这是由慈善组织的性质和活动特点决定的。慈善组织的财产来源于自然人、法人或者其他组织的捐赠，并应当按照章程规定的宗旨和慈善活动的业务范围将财产用于慈善目的。同时慈善法还规定，慈善组织的财产应当根据章程和捐赠协议全部用于慈善目的，不得在发起人、捐赠人以及慈善组织成员中分配。任何组织和个人不得私分、挪用或者侵占慈善财产。因此，慈善组织剩余财产的用途不能因终止清算而改变，而是应当在登记管理机关监督下，按照原慈善组织章程的规定用于慈善目的。如果章程未作规定或者无法按其规定操作的，则同样应当遵循不改变慈善组织财产用于慈善目的的原则，由登记管理机关主持转赠给与原慈善组织性质、宗旨相同或者相近的慈善组织，并将有关情况向社会公告。

第五，慈善组织清算结束后，应当办理注销登记，并由民政部门向社会公告。根据《基金会管理条例》《社会团体登记管理条例》《民办非企业单位登记管理暂行条例》的规定，慈善组织应当自清算结束之日起十五日内向登记管理机关办理注销登记。登记管理机关准予注销登记的，发给注销证明文件，收缴登记证书、印章和财务凭证。

27. 慈善组织从事、资助危害国家安全和社会公共利益的活动应承担什么责任？

慈善法第十五条规定：“慈善组织不得从事、资助危害国家安全和社会公共利益的活动，不得接受附加违反法律法规和违背社会公德条件的捐赠，不得对受益人附加违反法律法规和违背社会公德的条件。”

慈善组织是一种特定形式的社会公益组织，慈善组织活动的领域很广泛，涉及社会生活的许多方面，并且有众多的公民、法人及其他组织参与到慈善组织所倡导和开展的慈善活动当中，因此，慈善组织对社会生活的影响是十分广泛和深刻的。过去的经验和教训都表明，有的慈善组织很容易被一些别有用心的人利用而从事违法活动。如有的利用慈善组织从事非法的经济活动，作为逃税的工具；

有的利用慈善组织的名义，虚构事实或者隐瞒真相，骗取公私财物，有的甚至为危害国家统一、煽动民族矛盾、危害国家安全作组织和经济掩护。为此，慈善法第九十八条规定，慈善组织接受附加违反法律法规或者违背社会公德条件的捐赠的，由民政部门责令限期改正；逾期不改正的，吊销登记证书并予以公告。第一百零四条规定："慈善组织从事、资助危害国家安全或者社会公共利益活动的，由有关机关依法查处，由民政部门吊销登记证书并予以公告。"第一百零九条规定："违反本法规定，构成违反治安管理行为的，由公安机关依法给予治安管理处罚；构成犯罪的，依法追究刑事责任。"

根据上述规定，慈善组织从事、资助危害国家安全和社会公共利益的活动，应当根据其违法违规的具体情节，承担相应的行政责任和刑事责任。这里的行政责任，主要是指慈善组织违反有关行政管理法律法规的规定，但尚未构成犯罪的行为所依法应当承担的法律后果。责令限期改正适用于情节较轻的违法行为，可以通过改正措施纠正违法行为，消除不良影响。吊销登记证书是一种严厉的行政处罚措施，实施这种行政处罚措施的原因是依法成立的慈善组织具有较为严重的违法行为，其后果是丧失曾获批准从事慈善活动的权利。

刑事责任是一种最严厉的法律责任，只有触犯了刑法的犯罪行为才会承担刑事责任。慈善组织从事、资助危害国家安全或者社会公共利益的活动，构成犯罪的，需要承担相应的刑事责任。从承担的罪名来看，按照罪刑法定原则，对慈善组织的定罪必须以触犯刑法的有关规定为限。犯有危害国家安全罪的，按照刑法分则第一章危害国家安全罪的规定处罚。而危害社会公共利益的含义较为广泛，涉及刑法分则的第二章危害公共安全罪、第三章破坏社会主义市场经济秩序罪、第五章侵犯财产罪、第六章妨害社会管理秩序罪等章节，涉及具体案件，需要结合慈善组织触犯的具体罪名而定。

28. 什么是慈善行业组织，其职责是什么?

慈善法第十九条分两款对慈善行业组织的成立及其职责作了原则规定：“慈善组织依法成立行业组织。”“慈善行业组织应当反映行业诉求，推动行业交流，提高慈善行业公信力，促进慈善事业发展。”同时，在其他条款中对慈善行业组织相关职责作了具体规定。

慈善行业组织是指由慈善领域的组织或个人组成，通过沟通慈善组织、慈善从业者与政府的关系，协调慈善行业的利益，规范慈善行为，提供慈善行业服务，反映慈善行业诉求，保护和增进全体成员合法权益的非营利性社会组织。

慈善行业组织的主要特征有：（1）公共性。与其他行业协会一样，慈善行业组织成立的宗旨是为从事慈善事业的会员提供服务，以维护会员的利益为基本出发点，但是由于慈善行业组织的会员一般是慈善组织和其他慈善活动参与主体，因此，慈善行业组织维护会员利益带有较强的非营利性和公共性。（2）自治性。即慈善行业组织应当是经过正式登记注册的社会团体，是由会员组成的独立的法人主体，不从属或隶属于任何组织和个人。（3）中介性。慈善行业组织可以作为政府与慈善组织、慈善事业参与者之间的重要桥梁和纽带，在促进慈善事业发展中具有“传送带”和“上挂下联”的重要功能。（4）民间性。慈善行业组织由慈善领域的组织或个人自发、自愿组成，是在慈善事业一定范围内的自律性组织，除非经过法律或政府授权、委托，不具有公共权力。目前在全国一级，2013 年 4 月 19 日，正式成立了中国慈善联合会。中国慈善联合会是由国务院批准、民政登记注册，由致力于中国慈善事业的社会组织、企事业单位等有关机构和个人自愿结成的联合性、枢纽型、全国性社会组织，具有社会团体法人资格。

关于慈善行业组织的职责，慈善法第十九条第二款规定：“慈善行业组织应当反映行业诉求，推动行业交流，提高慈善行业公信力，促进慈善事业发展。”同时，在第九十六条还规定：“慈善行业组织应当建立健全行业规范，加强行业自律”；在第九十七条规定，慈善行业组织要调查处理对违法行为的投诉。由此可见，慈善行业组织应承担的职责主要有：

（1）反映行业诉求。慈善行业组织应当代表会员组织和个人，代表慈善事业发展力量，向政府和社会表达会员和慈善行业的诉求，维护慈善组织和其他慈善活动参与主体的合法权益，对公共政策产生影响。

（2）提供慈善服务。慈善行业组织应当积极为会员提供信息交流、教育培训、调查统计、政策咨询等服务，促进行业交流和健康发展，同时也可以接受委托或者购买服务，向政府和社会提供相应的服务。

（3）规范会员行为。慈善行业组织应当建立健全行业规范，通过完善组织章程和行规行约，在会员和行业中开展行风建设和监督，从而加强慈善行业自律，引导会员规范行为，遵纪守法。

（4）调查处理违法投诉。根据慈善法第九十七条规定，任何单位和个人发现慈善组织、慈善信托有违法行为的，可以向慈善行业组织（或者其他有关部门）投诉、举报，慈善行业组织接到投诉、举报后，应当及时调查处理。在实践中，慈善行业组织要积极配合民政部门或者政府其他有关部门调查处理慈善领域中涉嫌违法的事件。

除了上述职责外，随着行政改革的推进和政府职能进一步转变，慈善行业组织可以受民政部门委托或者授权，协助做一些其他方面的与慈善有关的工作。

慈善募捐

29. 什么是慈善募捐?

慈善募捐是慈善组织筹集善款的重要手段，是慈善组织赖以生存、慈善事业持续发展的基础。改革开放以来特别是2008年四川汶川特大地震、2010年青海玉树地震发生后，极大地激发了全社会的捐赠热情，慈善募捐也得到了较快发展。慈善法第二十一条规定：“本法所称慈善募捐，是指慈善组织基于慈善宗旨募集财产的活动。慈善募捐，包括面向社会公众的公开募捐和面向特定对象的定向募捐。”理解慈善募捐，应当把握以下两点：

一是慈善募捐的主体是慈善组织。慈善法第二条规定：“自然人、法人和其他组织开展慈善活动以及与慈善有关的活动，适用本法。其他法律有特别规定的，依照其规定。”这意味着，慈善组织以外的自然人、法人和其他组织，都可以开展慈善活动。为何却将慈善募捐的主体资格限制在慈善组织呢？一般而言，做慈善有两种型态，一种是用自己的钱做慈善，比如某人定期向希望小学捐赠财产，某个组织每天向流浪人员施粥等，一般不会出现问题，也不是本法规范的重点；另一种是用别人的钱做慈善，向他人募集财产后用于慈善，这就是慈善组织的主要运作方式，这个过程容易出现侵占善款等一系列问题，也正是监管机构监管的重点。慈善组织是依法成立，以开展慈善活动为宗旨的非营利组织，民政部门通过年报、调查违法行为、现场检查、信用记录制度等多种手段对慈善组织包括募捐行为在内的各种行为进行监督管理。而慈善组织以外的自然人、法人和其他组织，因其不以慈善为活动宗旨，脱离了民政部门的监管范围，募集到的财产如何使用，难以受到有效监管，不利于保护捐赠人的合法权益。因此，本法将慈善募捐的主体限于慈善组织，个人、企业不得自行开展慈善募捐。

二是募捐行为是基于慈善宗旨。慈善组织以开展慈善活动为唯一宗旨，其开展募捐行为也应当是基于慈善宗旨，这是慈善募捐区别于个人求助、商业众筹等其他募捐行为的重要特征。慈善宗旨，是指善款的使用应当符合本法第三条规定的慈善定义：（1）扶贫、济困；（2）扶老、救孤、恤病、助残、优抚；（3）救助自然灾害、事故灾难和公共卫生事件等突发事件造成的损害；（4）促进教育、科学、文化、卫生、体育等事业的发展；（5）防治污染和其他公害，保护和改善生态环境；（6）符合本法规定的其他公益活动。

根据募集财产的对象不同，慈善法将慈善募捐分为面向社会公众的公开募捐和面向特定对象的定向募捐。区分这两种募捐形式的意义在于，定向募捐类似证券投资基金中的私募，对象特定；公开募捐面向不特定的社会公众，影响范围广，要求发起公开募捐活动的慈善组织有较高的公信力，因此慈善法对赋予慈善组织公开募捐资格规定了较为严格的条件。

慈善组织可否为确实遇到了自身难以克服的困难、需要社会帮助的特定个人募捐？这是慈善法公布以来业界比较关心而又有争议的问题。慈善组织是以面向社会公众开展慈善活动为宗旨的非营利组织，通常情况下，其开展慈善活动的受益人不应是特定的某一个人。但是，如果某个慈善组织是以扶贫、济困、恤病、助医等为宗旨，当它得知一个贫困家庭的儿童患了白血病无钱医治、正向社会求助，该慈善组织就不能以此为由发起募捐、给这个孩子以帮助吗？我们认为要具体情况具体分析。正确认识这一问题，关键是要正确理解慈善法第三条中的“公益”二字。“公益”，简言之，就是“公共利益”，这是一般性的概念。慈善法第三条所列六项慈善活动，都是符合社会公共利益的，而慈善组织开展这些活动又都是具体的。以扶贫济困为例，每次活动的受益者都是一个个活生生的个人或者家庭，只要这些个人或家庭不是慈善组织刻意指定或者预先内定的，而是慈善组织宗旨所涵盖的服务群体中的个体，就是符合社会公共利益的，就是慈善活动。慈善立法的重要理念就是开放、务实，实事求是，我们也要以这种理念来理解慈善法，贯彻慈善法。当然，慈善组织在这种情况下开展募捐和救助，也要遵循慈善法的相关规定，一是要核实情况真伪，是否符合本组织的救助条件；二是要制定并公示募捐方案；三是要履行信息公开义务；四是剩余财产要按照“近似原则”处理，等等。

30. 个人求助与慈善募捐是一回事吗？

2015 年 10 月，慈善法草案提交第十二届全国人大常委会第十七次会议初次审议，草案公开向社会征集意见，有人以“《慈善法》禁止个人求助”为题，从宪法和社会伦理的角度批评慈善法禁止个人求助，一时关于慈善法禁止个人求助的话题引爆网络，不少自媒体都对相关文章予以转载并进行评论。2016 年 3 月“两会”审议讨论慈善法草案期间，关于个人求助与慈善法的关系又一次引起与会代表、委员和社会公众的广泛关注。

一些人将慈善法禁止不具有公开募捐资格的慈善组织或者个人开展慈善募捐，误解为禁止个人求助，是因为没有把握个人求助与慈善募捐的本质区别，没有准确理解慈善募捐的含义。根据慈善法第二十一条的规定，慈善募捐是指慈善组织基于慈善宗旨募集财产的活动；而个人求助，通俗地讲，是指某个自然人为了解决自己或者家庭的困难，请求社会公众给予帮助。个人求助与慈善募捐至少存在四点不同：

一是主体不同。个人求助的主体是自然人，乞丐在街道上乞讨、网友发帖寻求帮助等，都属于个人求助。慈善募捐的主体是慈善组织，根据慈善法规定，只有慈善组织才能组织发起慈善募捐。

二是目的不同。个人求助的目的是为了解决自身或者家庭存在的困难，比如患有重大疾病、家庭经济困难、失业、求学等等，法律法规对此没有作出限制性规定。慈善募捐只能基于慈善宗旨，也就是说必须符合慈善法第三条的规定。

三是法律关系不同。个人求助主要产生民事法律关系，适用合同法等民事法律中有关赠与人与受赠人的规定，一旦发生纠纷，承担的主要是民事法律责任。慈善募捐不仅涉及捐赠人与慈善组织之间的民事法律关系，还涉及行政机关与慈善组织之间的行政法律关系，根据慈善法有关规定，民政、财税部门等依照职权可以对募捐行为进行监管。

四是剩余财产的处理不同。在个人求助中，赠与人将财产赠与受赠人后，财产的所有权也就随之转移给受赠人，如果双方没有签订书面协议约定赠与财产的用途，剩余财产如何处理，一直是实践中争议很大的问题，学者对此意见也不统一，目前还没有稳妥的处理办法。而在慈善募捐中，慈善法第五十七条明确规定，慈善项目终止后捐赠财产有剩余的，按照募捐方案或者捐赠协议处理；募捐方案未规定或者捐赠协议未约定的，慈善组织应当将剩余财产用于目的相同或者相近的其他慈善项目，并向社会公开。

综合以上分析，不难看出，个人求助与慈善募捐存在很大不同，个人求助不属于慈善活动，不受慈善法调整。所以说，慈善法并没有禁止个人求助，禁止的是不具有公开募捐资格的组织或者个人开展慈善募捐。

31. 慈善组织开展定向募捐应当遵循什么要求？

慈善法第二十八条规定："慈善组织自登记之日起可以开展定向募捐。慈善组织开展定向募捐，应当在发起人、理事会成员和会员等特定对象的范围内进行，并向募捐对象说明募捐目的、募得款物用途等事项。"根据本条规定，慈善组织开展定向募捐，应当符合以下几个方面的要求：

一是限定在特定对象范围内。公开募捐与定向募捐最大的区别就在于募捐对象是否特定。对象特定并没有数量的要求，而是指募捐对象的范围是可控的，限制在一定范围内，即慈善组织的发起人、理事会成员和会员等。

二是向募捐对象说明募捐目的。每次募捐活动都应当有明确的目的，募捐目的是吸引募捐对象捐赠财物的重要依据，慈善组织应当作出详细阐释。至于募捐目的具体为何，慈善法没有限制，只要符合慈善法第三条规定以及慈善组织章程规定的慈善宗旨即可。

三是向募捐对象说明募得款物用途等。定向募捐结束后，慈善组织有义务及时向募捐对象公开相应信息，包括但不限于募捐情况、募得款物用途、慈善项目开展情况、项目评估情况等。慈善组织没有及时向募捐对象公开这些信息的，募捐对象有权利要求其作出说明。

四是不得采取或者变相采取公开募捐的方式。慈善法第二十九条对此作了明确规定，以防假借定向募捐之名行公开募捐之实，扰乱募捐秩序。

32. 慈善组织如何取得公开募捐资格？

在慈善法起草过程中，什么样的慈善组织可以公开募捐，一直是争议较大的问题之一。慈善法通过前，仅红十字会法规定红十字会为开展救助工作，可以进行募捐活动，《基金会管理条例规定》公募基金会可以面向公众募捐，尚没有一部法律法规统一规范各类社会团体、基金会、民办非企业单位等非营利组织的募捐行为。各地进行了一定的探索，做法也不一致，差别很大，比如，江苏、湖南、长沙等地方采许可制，规定公益性社会团体和非营利事业单位开展慈善募捐活动，必须事先取得慈善募捐活动许可证。上海、宁波等地方采备案制，规定募捐组织开展募捐活动，应当制定募捐方案，并在募捐活动开始前向募捐活动所在地的民政部门办理备案手续。广州等地方采许可兼备案制，规定红十字会、慈善会和公募基金会应当在募捐活动开始前将募捐方案报送民政部门备案，其他公益性社会团体、民办非企业单位和非营利的事业单位开展募捐活动，应当向民政部门申请募捐许可。学者建议稿在这一问题上意见也不一致，如中国公益研究院起草的建议稿采备案制，中山大学起草的建议稿则采许可制。

我们对这一问题进行了深入调研，听取了包括地方人大、民政部门、部分慈善组织和全国人大代表的意见。实践中基金会等慈善组织募捐行为不规范，利用慈善名义敛财、挪用或转移募得款物，违规关联交易，虚列公益支出，向捐赠人提供捐赠回扣等违法违规行为屡见不鲜，我国目前慈善组织数量不少，但良莠不齐，运作规范、具有较高社会公信力的慈善组织还不多，采取许可制更符合我国国情。具体而言，根据慈善法第二十二条的规定，慈善组织要想取得公开募捐资格，主要有两种途径：

一是申请公开募捐资格。慈善法第二十二条第一款规定："慈善组织开展公开募捐，应当取得公开募捐资格。依法登记满二年的慈善组织，可以向其登记的民政部门申请公开募捐资格。民政部门应当自受理申请之日起二十日内作出决定。慈善组织符合内部治理结构健全、运作规范的条件的，发给公开募捐资格证书；不符合条件的，不发给公开募捐资格证书并书面说明理由。"根据这一规定，慈善组织开展公开募捐，必须事先取得公开募捐资格，取得这一资格需要满足以下三个条件：（1）依法登记满二年。慈善法设定了两年过渡期，慈善组织从登记之日起就可以开展定向募捐，但不得面向社会公众开展公开募捐。这样规定，主要考虑到慈善法通过后，设立慈善组织较为便捷，相比定向募捐，公开募捐要求慈善组织的信誉度更高，一旦发生违法募捐行为，影响的范围更广。在两年过渡期里，民政部门和社会公众可以对慈善组织的内部运作、慈善项目的开展情况等进行考察。（2）内部治理结构健全、运作规范。慈善法规定，只有内部治理结构健全、运作规范的慈善组织，在经过两年的过渡期后才能取得公开募捐资格。慈善组织应当切实加强自我管理，要建立健全内部治理结构，完善决策、执行、监督制度和决策机构议事规则，加强内部控制和内部审计，确保人员、财产、慈善活动按照组织章程有序运作。执行国家统一的会计制度，依法进行会计核算，建立健全会计监督制度，并接受政府有关部门的监督管理。涉及关联交易的，决策程序应当公开透明，确保没有利用关联关系，损害慈善组织、受益人的利益和社会公共利益。确保没有因违反慈善法以及相关法律法规受到行政处罚。（3）向民政部门提出申请。公开募捐资格不是自动获得的，应当由慈善组织向其登记的民政部门提出申请。慈善法颁布实施后，我国慈善组织的数量会有较大幅度的增长，民政部门难以在众多慈善组织中主动认定哪些慈善组织符合发给公开募捐资格证书的条件，而且有些慈善组织可能认为定向募捐已经完全满足其日常运作需要，对申请公开募捐资格证书并不热衷。民政部门在受理慈善组织的申请后，应当在二十日内作出决定，符合条件的，发给公开募捐资格证书，不符合条件的，应当书面说明理由。

二是法律、行政法规规定自登记之日起可以公开募捐的基金会和社会团体。这主要是指公募基金会，《基金会管理条例》将基金会分为面向公众募捐的基金会和不得面向公众募捐的基金会，分别设置了不同的设立条件，公募基金会的设立条件在原始基金的数额上要远高于非公募基金会。慈善法颁布实施之前，这些组织根据法律和行政法规的规定已经在开展公开募捐活动，为了不影响这些组织在慈善法颁布实施之后继续开展募捐活动，特别规定由民政部门直接发给公开募捐资格证书。

33. 开展公开募捐可以采取哪些方式？

慈善法第二十三条第一款规定："开展公开募捐，可以采取下列方式：（一）在公共场所设置募捐箱；（二）举办面向社会公众的义演、义赛、义卖、义展、义拍、慈善晚会等；（三）通过广播、电视、报刊、互联网等媒体发布募捐信息；（四）其他公开募捐方式。"

根据这一规定，慈善组织开展公开募捐可以采取下列方式：

一是在公共场所设置募捐箱。在银行、商场、超市等地方设置固定募捐箱，或者在公园、市政广场等人流量较为密集的公共场所设置流动募捐箱，都是较为常见的募捐方式。需要注意的是，在公共场所设置募捐箱，除了需要事先取得公开募捐资格证书，还可能需要取得公共场所管理者的同意和城市市容市政等部门的许可。

二是举办义演、义赛、义卖、义展、义拍、慈善晚会等。义演、义赛、义卖、义展、义拍，是指慈善组织通过组织表演、比赛、买卖、展览、拍卖会等活动，扣除合理成本后的全部收入，即为募捐所得。慈善晚会，是指慈善组织通过邀请不特定多数人参加晚会的形式，向参加者募集财产的活动。这些形式已经广泛运用在募捐活动中，并且取得了很好的效果，既宣传了慈善理念，又收获了爱心。

三是通过广播、电视、报刊、互联网等媒体发布募捐信息。慈善组织开展公开募捐的效果如何，关键要看募捐信息的传播速度和范围，当前，通过广播、电视、报刊、互联网等媒体发布募捐信息已经屡见不鲜了，其能够使更多的人知悉募捐活动，慈善法肯定了这些做法。

四是其他公开募捐方式。上述三种募捐方式并没有穷尽目前慈善组织能够采用的所有方式，生活中比较常见的还有上门募捐、电话募捐、短信募捐等等。而且随着信息技术的不断发展，出现新的信息传播途径，募捐方式也必将不断创新，慈善法无法一一穷尽，也没有必要因此频繁地修改慈善法。所以，这一规定为今后募捐方式的创新和发展留下了空间。

慈善法第二十三条第二款同时规定："慈善组织采取前款第一项、第二项规定的方式开展公开募捐的，应当在其登记的民政部门管辖区域内进行，确有必要在其登记的民政部门管辖区域外进行的，应当报其开展募捐活动所在地的县级以上人民政府民政部门备案。捐赠人的捐赠行为不受地域限制。”原则上，慈善组织采取前述第一、二种方式公开募捐的，应当在登记的民政部门管辖区域内进行，当前我国慈善组织管理制度仍然采用分级属地管辖，这样规定主要是与我国的这种慈善组织管理制度相适应，便于登记地民政部门监督管理。同时，考虑到我国幅员辽阔，各地经济发展水平不平衡，相应地，各地慈善资源也严重不平衡，如果将慈善组织的募捐限制在登记地，将会导致很多中西部地区慈善组织无米下炊，但又要避免欠发达地区的慈善组织一窝蜂地跑到发达地区募捐，过于集中，所以，慈善法要求在其登记的民政部门管辖区域外进行的，应当报其开展募捐活动所在地的县级以上人民政府民政部门备案，便于当地民政部门协调和监督管理。最后，由于募捐信息的传播并不受地域限制，任何知悉募捐活动信息的人都可以捐赠，所以，慈善法特别作出规定，捐赠人的捐赠行为不受地域限制。

34. 开展公开募捐应当遵循哪些要求？

慈善组织开展公开募捐，首先应当制定募捐方案。根据慈善法第二十四条第一款的规定，募捐方案至少应当包括以下几个方面：（1）募捐目的。募捐目的是募捐方案的核心，是捐赠人决定是否捐赠的关键因素，募捐方案中的募捐目的应当尽可能明确具体，而且必须符合慈善法第三条的规定。(2) 起止时间和地域。慈善组织开展慈善服务多采用项目制，每个慈善项目都有一定的期限，相应地，公开募捐也有一定的起止时间。根据慈善法第二十三条的规定，慈善组织如果采取在公共场所设置募捐箱、举办义演等活动筹集善款，应当在募捐方案中注明开展这些活动的地域范围，以符合监管要求。(3) 活动负责人姓名和办公地址。(4) 接受捐赠方式、银行账户。接受捐赠方式主要有通过银行、邮局汇款捐赠，现场捐赠，网络捐赠等，应当注明不同接受捐赠方式所需要的信息，如银行账户、办公地址等。(5) 受益人、募得款物用途。这里的“受益人”并非指受益人的姓名等具体信息，而是指受益人的范围和条件。(6) 募捐成本。社会上不少人认为慈善组织的运行应当是零成本，慈善组织工作人员应当是低工资甚至是无偿的，这种看法是不符合实际的。和企业营销一样，募捐也是有成本的，但慈善组织在制定募捐方案时，应当合理评估，努力降低募捐成本，使更多的善款用于慈善目的。(7) 剩余财产的处理。慈善项目终止后剩余财产如何处理，也是捐赠人较为关心的问题，慈善组织应当在募捐方式中明确剩余财产的处理方式，如退还捐赠人、转移至相同或者相近的其他慈善项目等。

其次，根据慈善法第二十四条第二款规定，募捐方案应当在开展募捐活动前报慈善组织登记的民政部门备案。关于是否要求慈善组织将募捐方案报民政部门备案，慈善法起草过程中对这一问题进行了反复讨论和研究。有的意见认为，有些慈善组织规模较大，每年会同时开展数十个乃至上百个慈善募捐，对应不同的慈善项目，都要求报民政部门备案，会增加这些慈善组织的运作成本。有的意见认为，有些地方民政部门在理解和执行这一规定时可能将“备案”变为实质上的“许可”。也有的意见认为，民政部门负有监督管理募捐活动的职责，通过备案才能了解这些慈善组织的募捐活动，才能依法履行监督职能。综合以上意见，要求慈善组织将募捐方案报民政部门备案，是为了让民政部门掌握慈善组织募捐活动的具体情况，便于民政部门受理投诉举报和开展监督检查，同时为了保障慈善组织的正当权益，在实践操作中要坚决杜绝将“备案”变相执行为“许可”的做法。

最后，慈善组织开展公开募捐活动，应当履行信息公开义务。慈善法第二十五条规定：“开展公开募捐，应当在募捐活动现场或者募捐活动载体的显著位置，公布募捐组织名称、公开募捐资格证书、募捐方案、联系方式、募捐信息查询方法等。”慈善组织的公信力主要来自公开透明，公开透明度不够是目前慈善行业存在的主要问题，这一规定要求慈善组织在公开募捐活动现场公开相应信息，就是要促使慈善组织履行信息公开义务，让社会公众切实了解善款将用到何处，也便于社会公众行使监督权利，一旦发现募捐活动或者善款使用与募捐方案不符，可以向民政等有关部门举报投诉。这里的“募捐信息查询方法”主要是要给社会公众一个指引，捐赠人如何才能行使慈善法第四十二条有关查询复制其捐赠财产管理使用有关资料的权利，方便捐赠人监督。

35. 慈善法对互联网募捐是如何规范的?

慈善法第二十三条第三款规定：“慈善组织通过互联网开展公开募捐的，应当在国务院民政部门统一或者指定的慈善信息平台发布募捐信息，并可以同时在其网站发布募捐信息。”第二十七条规定，网络服务提供者应当对利用其平台开展公开募捐的慈善组织的登记证书、公开募捐资格证书进行验证。

互联网募捐是一种发展很快的新型募捐方式。近年来，随着互联网技术的普及和迅猛发展，利用网络平台开展募捐活动的组织和个人不断增多。相比设置募捐箱、举办晚会等传统募捐方式，互联网募捐具有传播快、受众面广、影响大、成本低、效率高等特点，是不少小型慈善组织开展募捐活动的首选。慈善法出台前，我国对互联网募捐还缺少相关法律法规予以规范，在互联网上发起募捐的既有具有公募资格的基金会，也有不具有公募资格的基金会以及其他“草根组织”，甚至还有个人。互联网上的信息是海量的，由于信息不对称，公众难以辨别真伪，导致大量虚假、失真甚至诈骗信息混杂其中。2015 年 8 月 13 日，天津滨海新区发生爆炸事故后两小时，网友“我的心属于拜仁慕尼黑 always”冒充天津港爆炸事件受害者身份骗取捐款，骗得千人捐助 10 万余元，法院一审以诈骗罪判处其有期徒刑三年，并处罚金八千元。在知乎网站拥有 6 万粉丝、被称为知乎女神的大 V“童瑶”竟然是一名已婚男子，自导自演了一场女大学生患病无钱救治的“大戏”，骗取爱心捐款达 15 万元，2016 年 1 月被网友发现并举报。有些犯罪分子在四川汶川地震、青海玉树地震等灾难发生后，冒用中国红十字会等公益组织的名义，仿冒官方网站，实施网络诈骗，致使不少网友上当受骗。这样的事例不胜枚举。中国青年报社会调查中心在 2015 年 7 月做过一次关于网络募捐的抽样调查显示，36.6% 的被调查者对网络募捐的信任度一般，22.7% 不太信任，5.2% 不信任，只有 3.9% 选择非常信任；普遍认为网络募捐存在三大问题：网络捐款中存在诈捐、骗捐的风险担忧，担心捐款平台的资质难以认定，善款中剩余款项的所有权不明。近几年，不少公募基金会和互联网公司都在尝试开发募捐平台，不少公募基金会建立了自己的网站，发布募捐信息，开通网络捐款功能；新浪、腾讯开通了新浪微公益、腾讯公益平台，为慈善组织、个人求助、慈善拍卖等提供平台支持；阿里通过支持慈善组织在淘宝和天猫开设慈善网店等方式为慈善组织募捐提供支持；很多第三方支付平台如财付通、支付宝都开通了公益捐款模块。互联网募捐具有其他方式无法比拟的便捷和高效的优势，必将成为今后慈善组织开展公开募捐最主要的方式之一，占所有募捐方式所募款物的比重也将越来越大。同时这也给政府部门如何监管带来了难题，慈善法对此应当作出必要的规范。

慈善法对互联网募捐的规范主要表现在以下三个方面：

一是互联网募捐的主体应当是慈善组织。互联网募捐是慈善募捐的一种方式，与其他募捐方式一样，其主体也应当是慈善组织。个人可以通过互联网为自己或者朋友等特定对象发布求助信息，前面已经分析过，这不属于慈善募捐。

二是应当在统一或者指定的平台以及自己的网站发布募捐信息。慈善组织通过互联网开展公开募捐，有两个渠道可以发布募捐信息：（1）国务院民政部门统一或者指定的慈善信息平台。建立慈善信息平台，是慈善法践行慈善公开原则的重大举措，有利于整合慈善信息的发布渠道，有利于社会公众及时了解最权威的慈善信息，有利于降低中小型慈善组织的运作成本。发布募捐信息的慈善信息平台，既可以由民政部自行建设，也可以从目前在全国或者部分地域比较有影响力的慈善信息平台中指定，可以是一个，也可以是多个。目前在全国影响力较大的慈善信息平台主要有腾讯公益平台、新浪微公益平台、阿里巴巴公益平台和蚂蚁金服公益平台等。（2）慈善组织自己的网站。慈善组织可以建立自己的网站并发布募捐信息，能够保证信息的真实性，可信度较高，目前不少大型慈善组织已经建立了自己的官方网站。

三是网络服务提供者应当履行验证义务。前述信息平台作为发布互联网募捐的重要载体，应当严把入口关，对利用该平台开展公开募捐的慈善组织的登记证书、公开募捐资格证书进行验证，确保慈善组织真实合法、具有公开募捐资格。没有履行慈善法规定的验证义务，应当根据慈善法第一百零一条第二款承担相应法律责任。理解网络服务提供者的这一义务需要注意两点：（1）准确理解“平台”的含义。尽管慈善法规定有公开募捐资格的慈善组织应当在国务院民政部门统一或者指定的信息平台上发布募捐信息，但不可避免地会有一些不具有公开募捐资格的组织或者个人，在前述信息平台以外的微博、论坛、贴吧等网络空间中发布违法募捐信息，也不可避免地会有网友将前述信息平台上发布的募捐信息转发到这些网络空间中，因为诸如此类信息是海量的，而且与前述信息平台不同，并不需要后台审核后才能发布，运营该网络空间的网络服务提供者难以辨识所发布信息的真伪，也就无法在事前对相关主体资格进行验证。当然，如果其发现或者经网络用户投诉后发现某些募捐信息违反法律规定，应当及时采取必要措施。所以说，网络服务提供者的验证义务仅存在于前述信息平台中，对其他存在于互联网中的海量信息，只有在具有故意或者重大过失的情形下才需要承担法律责任。(2) 信息真实性。网络服务提供者需要对慈善组织的主体资格进行验证，慈善组织应当对其所发布的募捐信息内容的真实性负责，因信息内容本身不真实或者募捐活动违法违规造成损失的，网络服务提供者不承担法律责任。

36. 不具有公开募捐资格的组织或者个人可以公开募捐吗?

慈善法第二十二条规定了公开募捐行政许可制度，慈善组织开展公开募捐，应当事先取得公开募捐资格证书。没有取得公开募捐资格证书的组织或者个人，不得开展公开募捐活动。行政许可法第八十一条规定，公民、法人或者其他组织未经行政许可，擅自从事依法应当取得行政许可的活动的，行政机关应当依法采取措施予以制止，并依法给予行政处罚；构成犯罪的，依法追究刑事责任。根据慈善法第一百零一条规定，开展募捐活动有下列情形之一的，由民政部门予以警告、责令停止募捐活动；对违法募集的财产，责令退还捐赠人；难以退还的，由民政部门予以收缴，转给其他慈善组织用于慈善目的；对有关组织或者个人处二万元以上二十万元以下罚款：（1）不具有公开募捐资格的组织或者个人开展公开募捐的；（2）通过虚构事实等方式欺骗、诱导募捐对象实施捐赠的；（3）向单位或者个人摊派或者变相摊派的；（4）妨碍公共秩序、企业生产经营或者居民生活的。广播、电视、报刊以及网络服务提供者、电信运营商未履行本法第二十七条规定的验证义务的，由其主管部门予以警告，责令限期改正；逾期不改正的，予以通报批评。

在慈善法起草过程中，考虑到没有取得公开募捐资格的慈善组织以及其他组织或者个人，确实存在出于慈善目的开展募捐的需要，因此在慈善法第二十六条作出规定："不具有公开募捐资格的组织或者个人基于慈善目的，可以与具有公开募捐资格的慈善组织合作，由该慈善组织开展公开募捐并管理募得款物。"这样规定，既不会扰乱慈善募捐秩序，也为满足这些组织和个人的合理需求提供了途径。

不具有公开募捐资格的组织或者个人，首先是指不具有公开募捐资格的慈善组织。这又分为两种情况，第一种是成立时间不足两年尚在过渡期内的慈善组织，这类慈善组织成立时间不久，尚未建立自己的信誉，定向募捐资源可能不足，创始资金又不足以维持长期发展，亟需吸纳慈善财产。第二种是成立时间虽然超过两年但不符合申请条件的慈善组织，这类慈善组织尽管运作不够规范，但并没有应当被强制注销的情形，尚有整顿发展的空间，也需要注入慈善财产满足其发展需要。其次是非慈善组织，开展慈善活动并非为慈善组织所垄断，慈善法第一百一十一条规定，慈善组织以外的其他组织也可以开展力所能及的慈善活动，这些组织在开展慈善活动过程中，也可能需要向社会公众寻求帮助。最后是个人，我们经常在网络、报刊上看到个人为他人寻求帮助的事例，这样的求助很容易发生纠纷，最典型的就是善款是否用于慈善目的以及剩余善款如何处理，有些纠纷甚至进入了司法程序。如果为他人寻求帮助的个人选择与具有公开募捐资格的慈善组织合作开展募捐，由该慈善组织对善款的募集、使用、最终处理等全过程进行监督管理，很大程度上可以避免出现这些纠纷，既满足了求助人的合理需求，又保护了捐赠人的权益与爱心。

合作募捐的名义募捐人是具有公开募捐资格的慈善组织，该慈善组织应当在募捐方案中明确所募款物由谁真正使用。募得款物进入该慈善组织的账户后，由其管理，并根据合作协议的约定向合作方拨付，该慈善组织应当担负起监督管理募得款物的责任，一旦出现违法违规情形，不仅自身信誉会受到影响，也应当承担相应的法律责任。

37. 开展募捐活动可以摊派吗?

慈善法第三十二条规定：“开展募捐活动，不得摊派或者变相摊派，不得妨碍公共秩序、企业生产经营和居民生活。”

改革开放以来，我国慈善事业取得长足发展，近年来社会捐赠总额总体稳步增长，但我国募捐市场发展还不成熟，摊派、变相摊派、劝捐、索捐等现象屡屡发生，一些有官方背景的慈善组织依靠行政权力强行索捐，有些地方以政府红头文件、内部通知的形式下达捐款指标，要求辖区内企业、公务员、教师捐款，有些单位按照行政职级硬性规定捐款数额，有些单位直接从工资中划扣等等，不一而足。从短期看，这些手段确实增加了捐赠数额，表面上繁荣了募捐市场，但从长期看，破坏了募捐市场的秩序，损害了慈善组织的公信力，必将严重阻碍慈善事业健康持续发展。

摊派或者变相摊派等索捐行为违反开展慈善活动必须遵循的自愿原则。不少文章已经从哲学、社会学等角度对自愿与慈善发展的关系进行了阐述，认为慈善捐赠的最本质特征就是自愿性。在法学语境中，“自愿”就是在不违反法律的前提下，凭借主体的内心自由决定从事或者不从事某种行为。这一原则在募捐与捐赠活动中至少表现在“捐不捐”“向谁捐”“捐多少”三个方面，都应当由捐赠人自由决定。决定是否捐赠、捐赠金额的因素有很多，比如捐赠人的慈善观、慈善项目是否符合捐赠人的慈善理念、慈善组织的公信力、捐赠人的经济能力等等。说到底，任何以行政权力、道德绑架为手段的摊派或者变相摊派，都是严重违背自愿原则的。

培育和繁荣募捐市场是一个长期发展的过程，不是一蹴而就的，慈善组织应当着力提高行业公信力，加强信息公开，努力把每一个慈善项目做好做精；政府部门应当加强对慈善事业的监督管理，严肃处理每一起违法违规行为，创造条件引导社会公众参与慈善，培育公民慈善理念。行政机关应当从自我做起，从根本上杜绝摊派或者变相摊派的违法行为。

38. 违法开展募捐活动应当承担什么法律责任?

慈善组织开展募捐活动不仅要遵守慈善法有关规范募捐行为的规定，也不得违反刑法、治安管理处罚法等其他法律法规的有关规定。慈善法第一百零一条列举了违法募捐的五种情形，分别是：

（1）不具有公开募捐资格的组织或者个人开展公开募

捐。慈善法第二十二条规定了公开募捐行政许可制度，慈善组织开展公开募捐，应当事先取得公开募捐资格。这意味着，开展公开募捐的只能是依法取得公开募捐资格的组织。不具有公开募捐资格的组织或者个人开展公开募捐，违反了行政许可制度，扰乱了募捐市场秩序。

（2）通过虚构事实等方式欺骗、诱导募捐对象实施捐赠。根据慈善法第二十四条的规定，慈善组织应当在募捐方案中明确募捐目的、受益人、募得款物用途等内容，由募捐对象自行决定是否捐赠。通过虚构事实等方式欺骗、诱导他人捐赠，违反了慈善法规定的合法、自愿、诚信等原则，损害了慈善组织的公信力，严重破坏了募捐市场秩序。

（3）向单位或者个人摊派或者变相摊派。慈善事业发展的基础在于自愿，募捐活动必须充分尊重捐赠人的主观意愿，捐不捐、向谁捐、捐多少，都应当由募捐对象自主决定，任何人包括慈善组织都不得强迫他人捐赠，否则要承担相应的法律责任。

（4）妨碍公共秩序、企业生产经营或者居民生活。慈善组织作为社会生活的参与者之一，不能因开展募捐活动而妨碍正常的公共秩序、企业生产经营和居民生活，比如没有事先取得公共场所管理者的许可开展募捐，妨碍了公共秩序；未经企业经营者的许可到工地、生产车间开展募捐，妨碍了企业正常生产经营；对个人频繁地进行电话、邮件募捐，在明确拒绝的情形下多次上门募捐，妨碍了居民日常生活。良好的募捐秩序要靠所有慈善组织共同维护，应当将对日常社会生活的影响降到最低。

违反以上四种情形开展募捐活动的，由民政部门予以警告、责令停止募捐活动。对违法募集的财产，责令退还捐赠人。难以退还的，由民政部门予以收缴，转给其他慈善组织用于慈善目的。对有关组织或者个人处二万元以上二十万元以下罚款。

（5）广播、电视、报刊以及网络服务提供者、电信运营商未履行验证义务。慈善组织开展公开募捐，可以通过广播、电视、报刊、互联网等媒体发布募捐信息，这类募捐信息实质上也是一种广告，媒体经营者应当对募捐信息的发布尽到必要的审核验证义务，募捐组织是否是经依法登记或者认定，是否具有公开募捐资格证书等。由媒体经营者承担验证义务，成本最小、效率最高，能够最大限度地制止违法募捐行为。根据慈善法第一百零一条第二款规定，媒体经营者如果没有履行验证义务，由主管部门予以警告，责令限期改正；逾期不改正的，予以通报批评。

39. 对假借慈善名义骗取财产的行为如何处理?

我们身处一个信息爆炸的时代，信息传播的速度之快给我们的生活带来了便捷，但同时大量信息真伪难辨，在慈善领域也是如此。每天，我们浏览网页、报纸、打开手机，都能看到各种求助信息，在新浪微博中，随意输入“求助捐款”关键词，满屏都是求助信息，其中夹杂着不少虚假信息，有些信息甚至经过网络推手的精心包装，假借慈善名义骗取钱财，一般公众难以识破，近年来这样的事例不胜枚举。比如，记者从中国反钓鱼网站联盟获悉，自四川雅安发生地震以来，网上已曝光多个打着“抗震救灾”“献爱心”“捐款”等名义的骗局。一是“骗转账汇款”，二是“骗账号密码”，三是“仿冒公益机构网站”。此类骗局多是不法分子仿冒官方网站，制作钓鱼网站行骗，骗取网民钱财。又如，2015 年10 月，安徽利辛一女子被狗咬伤，其男友张某请当地某媒体将此事策划为“因救小女孩而被狗咬”，报道发出后随即成为热点，引发社会公众的关注和同情，一周内便收到全国各地汇来的捐款 70 多万元，事件败露后，当地警方以涉嫌诈骗罪将张某刑事拘留。

社会公众对骗子骗取钱财深恶痛绝，对打着慈善名号或者假冒慈善组织骗取财产的行为更是无法容忍，因为其不仅骗取了钱财，更是亵渎了公众的爱心。对此，慈善法第三十三条规定：“禁止任何组织或者个人假借慈善名义或者假冒慈善组织开展募捐活动，骗取财产。”第一百零七条相应规定了法律责任：“自然人、法人或者其他组织假借慈善名义或者假冒慈善组织骗取财产的，由公安机关依法查处。”可见立法者对打击诈捐行为的态度和决心。

诈骗行为可能涉及行政责任和刑事责任，公安机关应当根据诈骗行为的具体情形，分别处理：（1）诈捐行为尚未造成严重后果的，根据治安管理处罚法第四十九条规定：“盗窃、诈骗、哄抢、抢夺、敲诈勒索或者故意损毁公私财物的，处五日以上十日以下拘留，可以并处五百元以下罚款；情节较重的，处十日以上十五日以下拘留，可以并处一千元以下罚款。”（2）诈捐行为造成严重后果，应当追究刑事责任，刑法第二百六十六条规定：“诈骗公私财物，数额较大的，处三年以下有期徒刑、拘役或者管制，并处或者单处罚金；数额巨大或者有其他严重情节的，处三年以上十年以下有期徒刑，并处罚金；数额特别巨大或者有其他特别严重情节的，处十年以上有期徒刑或者无期徒刑，并处罚金或者没收财产。本法另有规定的，依照规定。”

40. 红十字会开展募捐活动适用慈善法吗？

这涉及慈善法与红十字会法的关系。为了保障红十字会依法履行职责，我国早在 1993 年就制定了红十字会法。当前，红十字会法正在修改中，起草慈善法过程中，我们对红十字会在慈善法中的地位、慈善法与红十字会法之间的关系等问题进行了深入研究。

根据红十字会法第二条规定，中国红十字会是中华人民共和国统一的红十字组织，是从事人道主义工作的社会救助团体。红十字会与一般慈善组织的差别主要在于：(1) 组织结构。根据红十字会法规定，全国除红十字总会外，县级以上按行政区域建立地方各级红十字会，上下级红十字会的人财物是独立的，但存在业务指导关系。而一般慈善组织可以根据开展业务的需要，自行决定设立分支机构，但分支机构是该慈善组织的组成部分，不具有法人资格，不得另行制定章程，只能在授权的范围内开展活动，法律责任由该慈善组织承担。(2) 职责。一般慈善组织的慈善宗旨由其在慈善法第三条范围内自行决定。而红十字会的职责由红十字会法以法律形式明确规定，包括“开展救灾的准备工作；在自然灾害和突发事件中，对伤病人员和其他受害者进行救助”“普及卫生救护和防病知识，进行初级卫生救护培训，组织群众参加现场救护；参与输血献血工作，推动无偿献血；开展其他人道主义服务活动”“参加国际人道主义救援工作”“宣传国际红十字和红新月运动的基本原则和日内瓦公约及其附加议定书”等。红十字会的职责与慈善法关于慈善的范围虽有交叉，但各有侧重。(3) 经费与财产。红十字会法规定，红十字会经费的主要来源包括会员缴纳的会费、国内外捐款、动产和不动产的收入以及政府拨款。慈善法规定，慈善组织的财产主要包括创始财产、募集的财产和其他合法财产，其他合法财产包括从政府购买服务中取得的财产，与政府拨款性质不同。总体而言，红十字会与慈善法规定的一般慈善组织相比，有其特殊性，所以，红十字会法对红十字会有关组织、职责、经费与财产等事项有特别规定的，从其规定；红十字会法未作规定或者仅作了原则规定的，适用慈善法的有关规定。

回到本题的题旨，红十字会法第二十二条规定，红十字会为开展救助工作，可以进行募捐活动。这一规定较为原则、笼统。尽管红十字会与一般慈善组织存在诸多差异，但慈善募捐的性质是相同的，应当一体适用，即慈善法关于募捐资格、募捐方式、信息公开等方面的规定应当适用于红十字会。

41. 其他国家和地区如何管理慈善募捐?

慈善募捐是慈善法中最重要的制度之一。近年来，随着通讯技术尤其是互联网的迅猛发展，募捐形式有了很大变化，出现了短信募捐、网络募捐、众筹等新型募捐方式。下文主要对部分发达国家和地区慈善募捐制度特别是对网络募捐的管理作简要介绍。

（1）英国。根据英国《2006 年慈善法》规定，慈善组织在公共场所募捐以及上门募捐的，需要向慈善委员会申请公共募捐证书，同时需要向地方政府有关部门申请许可，以防募捐活动一段时间内过于集中。除此之外，慈善组织开展募捐活动，无需事先取得慈善委员会的批准或同意，而是依靠慈善组织自律以及行业自律，但根据活动内容不同需要遵守不同的法律，比如开展博彩募捐活动需要遵守博彩法的规定，举办体育活动等进行募捐需要遵守有关登记注册、食品安全和消费者保护的法律，广播和电话募捐需要遵守《1992 年慈善法》有关捐赠人有权要求退还捐款的规定，在线募捐需要遵守《2003 年隐私和电子通讯规则》《2000 年消费者保护规则》等。

英国慈善法对在线募捐没有作出专门规范，但英国慈善委员会针对募捐活动制定了指引——《CC20 - 慈善组织与筹款活动》（cc20 - Charities and Fundraising），对包括在线募捐在内的公共募捐、博彩募捐、举办活动进行募捐、电话募捐、上门募捐、涉及儿童的募捐等等多种募捐形式都进行了详细说明。尽管这一指引不具有强制约束力，但慈善组织在进行募捐活动时一般都会遵守这一指引。

（2）美国。与英国不同，美国并没有制定全国统一的慈善法，也没有一个全国性的慈善监督机构。美国非营利组织是根据美国税法典第501（c）成立的，其中根据第501（c）（3）款成立的非营利组织相当于我国的慈善组织，其慈善机构地位由美国税务局认定。由于美国是联邦制国家，这些慈善组织在多数州实施慈善行为，包括募捐、开展慈善活动等，需要在州注册（英文为“register”，相当于我国的备案），仅有佛蒙特、印第安纳、爱荷华、南达科塔、内布拉斯加、德克萨斯、怀俄明、蒙大拿、爱达荷和内华达10个州不要求注册。

以纽约州为例，根据纽约州法律规定，所有需要在纽约州活动的慈善组织都应当向纽约州总检察长办公室注册并提交年度财务报告，这些活动包括并不在纽约州实际运作而只是向纽约州居民募捐。慈善组织向纽约州居民募捐并不需要事先获得纽约州总检察长的批准或同意，而只需要向其注册并提交年度财务报告即可。这样的要求同样适用于电话、邮件、面对面募捐以及网络募捐。

由于网络募捐不同于传统募捐方式，其所具有的跨地域性使得州慈善监管机构必须考虑到底哪些慈善组织应当在本州注册，鉴于此，全国州级政府慈善监管官员协会（简称NASCO，其主要成员是各州的助理首席检察官和担负监管公益慈善类民间组织职责的州政府官员）理事会针对网络募捐制定了查尔斯顿规则（Charleston principles），规定了必须注册的两种情形，第一种情形是住所地在本州的组织，在本州使用互联网从事慈善募捐的，必须在本州注册。第二种情形是住所地在其他州的组织，有下列情形之一的，必须在本州注册：①该组织通过一个交互式网站（能够在网站中通过电子方式完成捐赠行为）进行募捐行为；②该组织通过互联网以本州常住居民作为募捐特别对象，或者该组织通过其网站，持续不断地或实质地从本州接受捐助；③该组织通过非交互式网站进行募捐，但是特别邀请本州居民参加线下活动完成捐助，或者以发送电子邮件或其他通讯方式推广其网站，与该州建立联系。

（3）日本。据日本公益法人协会负责人介绍，日本法律对募捐活动较为宽容，没有对募捐活动加以具体规定，仅在《公益认定法》中对下列行为加以禁止：一是对已作出不愿捐款意思表示的人，继续劝诱其捐款；二是以粗野、蛮横的言行劝诱他人捐款；三是可能使人误认捐赠财产用途的行为；四是可能对其他捐赠者等的利益造成非法侵害的行为。

举办募捐活动如需要占用道路、车站周边、公园等公共场所时，活动主办方需要向地方政府取得相应许可，但这一许可并不是针对募捐活动的，从事工事、集会、贩卖等活动均需取得许可。

日本法律也没有对募捐活动的方式作出限制规定，一般而言，可以包括传统街头募捐、上门募捐、集会募捐、网络募捐、捐赠旧物、众筹、特定捐款信托等。

（4）我国台湾地区。据“台湾卫生福利部”网站刊载信息称，2013 年 6 月至 9 月，东森购物主持人俞娴通过东森社会福利慈善基金会为其女儿在网上募款治病，事先未申请劝募许可，也违反“公益劝募条例”必须以公益为目的劝募的规定，“台湾卫生福利部”要求基金会立即撤除相关劝募信息及账号，并将 1000 多万新台币劝募所得返还。

在我国台湾地区，基于公益目的，募集财物或接受捐赠的劝募行为及其管理，均适用“公益劝募条例”，这也包含了网络募捐活动。相比其他国家和地区，台湾地区对公益募捐管制较严，能够发起公益募捐的主体有四类：公立学校、行政法人、公益性社团法人、财团法人。劝募团体募集财物的，应当向劝募活动所在地直辖市、县（市）主管机关申请许可，劝募活动跨地区的，应当向中央主管机关申请许可。劝募团体应当于劝募活动开始前 21 日提交申请，但因紧急救灾申请劝募许可的，不受 21 日的限制。劝募团体办理劝募活动最长 1 年，应当在邮局或金融机构开立捐款账户，并于劝募活动开始后 7 日内报主管机关。劝募团体应当在劝募活动期满之日起 30 日内，将捐赠人捐赠资料、劝募活动所得与收支报告及公开征信，报主管机关。

（5）我国香港特别行政区。我国香港特别行政区目前没有统一的慈善法规范募捐活动，慈善组织如果在公众地方进行募捐、义卖、售卖奖券，必须提前向有关政府机构取得许可证或牌照才可进行；其他类别的慈善活动，即便涉及公众募捐但未在公众地方收集捐款，如慈善拍卖、舞会、音乐会、晚宴、步行、电影首映礼、传媒表演节目、通过邮件和广告进行募捐、当面游说捐款人承诺定期捐款的慈善募捐活动，通过电话、社交媒介（如文字信息、facebook、twitter）、电邮或其他电子方式进行的募捐活动，无须申领许可证或牌照。

必须经政府批准才可进行慈善募捐活动主要有两种情形：

一种是在公众地方进行的募捐活动。根据《简易程序治罪条例》，慈善组织在公众地方举行慈善募捐活动，必须事先向社会福利署申请取得“公开筹款许可证”，社会福利署在签发许可证之前会进行核查，以确保计划举行的募捐活动符合慈善组织的慈善宗旨，有关场地的管理机构已经批准进行这项活动。“公开筹款许可证”根据募捐活动是“卖旗日”或“在公众地方举办的一般慈善募捐活动”（如售卖徽章或纪念品、设置募捐箱）而适用不同的申请程序。如果需要在街头贩卖，还需要向食物环境卫生署申请“临时小贩牌照”。

另一种是通过奖券活动进行慈善募捐。根据《赌博条例》，必须事先向民政事务总署下属的牌照处申请牌照。

此外，慈善组织在公众地方设置摊位或柜台，游说捐款人承诺对组织作出定期捐款的情形越来越普遍，这需要事先获得地政总署的批准并缴纳相应费用，地政总署的考量主要在于摊位或柜台占用土地是否会对道路使用者造成妨碍，由于这类活动不是卖旗日或一般慈善募捐活动，慈善组织无须向社会福利署申请公开筹款许可证。

可以看出，香港法例没有对网络募捐作出任何专门规制，但不少公众认为政府应当对网上慈善募捐活动加以管制，以取缔有意行骗公众的不当和非法活动，也有公众认为难以找到实际可行的方法管制网络募捐，尤其是非香港慈善组织所进行的网络募捐，避免滥用的最好方法是加强公众对这一问题的认识，并规定有关机构必须以显眼的方式在其网站展示其慈善组织地位和注册号码。香港法律改革委员会在报告中回应称："就慈善筹款活动而言，不论是以什么途径或形式进行，公众也应受到保障。不过，我们同意部分回应者的看法，认为对透过互联网而进行的募捐执行规管措施会有技术问题，特别是涉及治外法权以及非香港慈善组织的问题，但即使有这方面的困难，我们仍认为基于公众利益应当作出应对，以确保这个不断发展而又变化迅速的慈善筹款活动范围会受到有效管制。我们认为，应规定香港的注册慈善组织须在其用以进行慈善募捐的网页上展示其注册号码。”建议“就透过互联网或其他电子方式进行的慈善筹款活动而言，涉及活动的慈善组织的注册号码，应以显眼的方式，展示于用以进行慈善募捐的网页上或以电子方式传送的此类讯息上。”

慈善捐赠

42. 什么是慈善捐赠？它与民事赠与是一回事吗？

慈善法第三十四条规定：“本法所称慈善捐赠，是指自然人、法人和其他组织基于慈善目的，自愿、无偿赠与财产的活动。”

从法律的规定来看，慈善捐赠是公民、法人或者其他组织将自己所有的财产自愿无偿地转移给其并不负有法定救助义务的组织或者个人的行为。根据学术界关于“三次分配”的说法，慈善捐赠作为社会资源的第三次分配形式，有利于优化资源配置、调节贫富分化程度、促进社会良性运行与整体和谐，具有市场机制与政府调节所无法取代的功能。

慈善捐赠具有三个特性：第一是自愿性。慈善捐赠是一种高尚的道德行为，对于慈善捐赠不能采取强制措施和义务导向。政府可以号召、鼓励、引导，但是不能硬性摊派，如果运用行政权力去推动捐赠，就会破坏慈善生态。有些地方在开展“慈善一日捐”时，通过红头文件规定捐赠标准，是违反慈善本意的，也违反了慈善法的要求。第二是无偿性，慈善捐赠是无对价的，这和买卖、销售行为形成了鲜明对比。当然，无偿性并不意味着捐赠者没有任何动机和要求。第三是捐赠财物必须用于慈善事业，这构成和一般的赠与行为的本质区别。

慈善捐赠与民事赠与有诸多相似之处，但也存在明显区别。民事赠与适用合同法关于赠与合同的规定。合同法第一百八十五条规定：“赠与合同是赠与人将自己的财产无偿给予受赠人，受赠人表示接受赠与的合同。”从慈善法关于慈善捐赠的规定和合同法关于赠与合同的规定，我们可以看出，民事赠与与慈善捐赠存在以下几点区别：（1）民事赠与的受赠人一般就是受益人，而慈善捐赠未必。慈善捐赠一般是将财产捐赠给某个慈善组织，在捐赠时，甚至有可能不知谁是最终的受益人。（2）目的和用途不同。慈善捐赠的财物必须用于慈善事业，也就是说，用途应当符合慈善法第三条的规定，但民事赠与没有这方面的限制。（3）在受赠人方面，慈善捐赠的捐赠者对受益人通常不负有法定救助义务，而民事赠与没有这一要求。（4）在优惠政策方面，慈善捐赠者一般可以依法享受税收等方面的优惠政策，而民事赠与者一般不享受税收等方面的优惠政策。

43. 捐赠人可以捐赠哪些财产？

慈善法第三十六条规定："捐赠人捐赠的财产应当是其有权处分的合法财产。捐赠财产包括货币、实物、房屋、有价证券、股权、知识产权等有形和无形财产。捐赠人捐赠的实物应当具有使用价值，符合安全、卫生、环保等标准。捐赠人捐赠本企业产品的，应当依法承担产品质量责任和义务。"这意味着，捐赠人捐赠的财产形式是多样的，可以是资金，也可以是实物、房屋，还可以是有价证券、股权、知识产权等；可以是有形财产，也可以是无形财产。从近年来国内捐赠的情况看，现金和有价证券捐赠仍占较大比例。以2013年为例，在全部954亿元捐赠额中，现金和有价证券捐赠达751亿元，捐赠物资折价约203亿元。在接受捐赠的物资中，药品捐赠超过90%，其次是向民政部门捐赠的衣被等，达到10405万件，折合人民币约8.7亿元。由于政策的制约，目前慈善捐赠中股权、知识产权等无形财产的捐赠比例不高。

根据慈善法第三十六条的规定，捐赠人捐赠的财产应当具备以下条件：

第一，应当是其有权处分的财产。也就是说，捐赠人对捐赠的财产有处分权。这就意味着，如果没有处分权，其捐赠是无效的。比如，张某出国学习两年，将其一辆轿车临时给其朋友李某使用，李某在未经张某同意前，不能将其使用的这辆轿车捐赠。再比如，王某是一家股份公司的执行总经理，按公司章程，对公司财产的处分需要经过董事会成员半数以上同意，在未经董事会同意前，王某无权决定将公司财物捐赠。又比如，杨某在路上捡到一块手表，他也无权直接将手表捐赠，因为他不具有处分权。

第二，捐赠的财产必须是合法财产。这就意味着，以非法方式取得的财产，比如走私来的物品等，捐赠是无效的，由此造成的损失，需由捐赠者承担。

第三，捐赠的实物应当具有使用价值，符合安全、卫生、环保等标准。没有使用价值的财产不能捐赠，对于有国家标准或者行业标准的，不符合相应标准的物品也不能捐赠。比如，目前药品捐赠量较大，但如果捐赠的药品不符合国家强制性标准或者不符合相应的规范，比如，已过保质期的药品等，是不能捐赠的。

第四，如果捐赠人捐赠本企业产品，应当依法承担产品质量责任和义务。这就意味着，捐赠人需要对捐赠的产品质量负责，捐赠的产品不仅要符合国家法律法规规定的标准，而且企业还要承担相应的责任和义务。依据产品质量法，销售或者捐赠的产品质量应当检验合格，不得以不合格产品冒充合格产品。对于可能危及人体健康和人身、财产安全的工业产品，必须符合保障人体健康和人身、财产安全的国家标准、行业标准；未制定国家标准、行业标准的，必须符合保障人体健康和人身、财产安全的要求。依据法律规定，禁止生产、销售不符合保障人体健康和人身、财产安全标准和要求的工业产品，因此也不允许捐赠不符合上述标准和要求的工业产品。如果捐赠的是农产品，还应当依据农产品质量安全法的要求，按照规定应当包装或者附加标识的，须经包装或者附加标识后方可捐赠。包装物或者标识上应当按照规定标明产品的品名、产地、生产者、生产日期、保质期、产品质量等级等内容；使用添加剂的，还应当按照规定标明添加剂的名称。

另外，根据慈善法第四十三条的规定，国有企业实施慈善捐赠的，应当遵守有关国有资产管理的规定，履行批准和备案程序。

44. 自然人、法人和其他组织开展经营性活动承诺捐赠的，应当如何实施？

在实践中，经常有在经营性活动中承诺捐赠的行为，即自然人、法人和其他组织在开展演出、比赛、销售、拍卖等经营性活动时，承诺将全部或部分所得捐赠出来，用于慈善事业。这种行为一方面可以视为一种营销行为，借助慈善名义，可以提高经营性活动的效果，另一方面，也可以增加慈善活动的资金，对发展慈善事业有益。因此，只要此类活动依法依规开展，可以实现双赢。比如，2001年，某公司和北京奥申委联合推出第一个“一分钱”行动：“再小的力量也是一种支持。从现在起，买一瓶××××，你就为申奥捐出一分钱。”伴随着在中央电视台播放的“一分钱”广告中体育明星那颇具亲和力的笑脸，以及某公司倡导的这种“聚沙成塔”的宣传理念，全民支持申奥的主题进一步深入人心。最后，某公司共捐出了500万人民币，不仅支持了奥运会申办，而且取得了良好的社会效益，该事件还被评为2001年十大成功营销案例。某公司后来推出的“一分钱”阳光工程、支持中国贫困地区学校基础体育建设、支持中国体育事业等活动，也都取得了较好的社会效果。

但是，经营性活动中的捐赠行为也存在诸多问题，在慈善法起草过程中，如何鼓励和支持捐赠，同时又避免假借慈善名义搞推销，成为立法者重点关注的问题。慈善法第三十七条规定：“自然人、法人和其他组织开展演出、比赛、销售、拍卖等经营性活动，承诺将全部或者部分所得用于慈善目的的，应当在举办活动前与慈善组织或者其他接受捐赠的人签订捐赠协议，活动结束后按照捐赠协议履行捐赠义务，并将捐赠情况向社会公开。”根据这一规定，此类捐赠需要遵循以下要求：

第一，应当在举办活动前与慈善组织或者其他接受捐赠的人签订捐赠协议。在演出、比赛、销售、拍卖等经营性活动开展前，捐赠人要和接受捐赠者签订捐赠协议。接受捐赠的可以是慈善组织，也可以是其他组织或者自然人。但如果不是慈善组织或者其他符合条件的组织，捐赠者可能无法获得捐赠票据，也因此无法享受税收等方面的优惠。

第二，活动结束后要按照捐赠协议实施捐赠。在演出、比赛、销售、拍卖等经营性活动结束后，捐赠者应当按照事前签订的捐赠协议，在规定的时间内，将承诺捐赠的所得或者收入捐赠给有关的慈善组织或者其他受赠人。

第三，捐赠情况要向社会公开。捐赠活动结束后，捐赠人应当将捐赠情况向社会公开，社会公众可以查询具体的捐赠结果，对于符合法律规定的查询要求，捐赠者和接受捐赠者都有义务公开。

慈善法第三十七条的规定，既鼓励和支持以多种方式捐赠慈善事业，又从法律上堵塞了经营性活动中可能出现虚捐、假捐、诈捐等“旁门左道”，减少了经营性捐赠中可能出现的争议，具有积极意义。

45. 慈善组织接受捐赠，应当遵循哪些要求？

根据慈善法第三十八、三十九条的规定，慈善组织接受捐赠，应当遵循以下要求：

第一，按规定向捐赠人开具相应票据或者做好相关记录。慈善法第三十八条规定："慈善组织接受捐赠，应当向捐赠人开具由财政部门统一监（印）制的捐赠票据。捐赠票据应当载明捐赠人、捐赠财产的种类及数量、慈善组织名称和经办人姓名、票据日期等。捐赠人匿名或者放弃接受捐赠票据的，慈善组织应当做好相关记录。"一是慈善组织向捐赠人开具的捐赠票据必须是从财政部门领取的统一监（印）制的捐赠票据，不能以本组织的收据和其他票据代替。依据财政部印发的《公益事业捐赠票据使用管理暂行办法》，捐赠票据是指各级人民政府及其部门、公益性事业单位、公益性社会团体及其他公益性组织按照自愿、无偿原则，依法接受并用于公益事业的捐赠财物时，向提供捐赠的自然人、法人和其他组织开具的凭证，是会计核算的原始凭证，也是财政、税务、审计、监察等部门进行监督检查的依据。捐赠票据由财政部或省、自治区、直辖市人民政府财政部门统一印制，并套印全国统一式样的财政票据监制章。二是捐赠票据应当载明法定的内容，包括捐赠人、捐赠财产的种类及数量、慈善组织名称和经办人姓名、票据日期等。三是如果捐赠人匿名或者放弃接受捐赠票据的，慈善组织应当做好相关记录，对接受捐赠的日期、捐赠财产的数量、经办人等详细记载，以备查询。考虑到捐赠活动的多样性和不同慈善组织的差异，法律并未对慈善组织保留相关记录的时间作出具体规定。慈善组织应当完善自己的规章制度，对相关记录的保留时间作出规定。民政部或者各地民政部门也可以依据本法制定相应的管理办法，对不同情形下的最低保存期限作出规定，其核心原则，应当是既不给慈善组织造成过重的负担，也应当为公众查询和主管部门监管提供必要的便利。

第二，应捐赠人要求与捐赠人签订书面捐赠协议。慈善法第三十九条规定："慈善组织接受捐赠，捐赠人要求签订书面捐赠协议的，慈善组织应当与捐赠人签订书面捐赠协议。书面捐赠协议包括捐赠人和慈善组织名称，捐赠财产的种类、数量、质量、用途、交付时间等内容。"在慈善法起草过程中，有意见提出，法律应当对数额较大的捐赠作出强制性签订捐赠协议的规定，数额较小的捐赠，如果当事人提出要求，也需要签订捐赠协议。比如，慈善法草案二审稿就曾规定："慈善组织接受数额较大的捐赠，应当与捐赠人签订书面捐赠协议，但捐赠人表示不签订的除外。慈善组织接受数额较小的捐赠，捐赠人要求签订书面捐赠协议的，慈善组织应当与捐赠人签订书面捐赠协议。"不过，在征求意见和审议过程中，也有不少意见提出，何谓"较大数额的捐赠"和"数额较小的捐赠"，对不同地区、不同的慈善组织来说，可能会有不同认识，也难以制定统一的标准，甚至有的捐赠物品的价值在实践中难以准确估价，因而建议将是否签订书面协议的权利完全交由捐赠人，最终，慈善法采纳了这一建议。也就是说，只要捐赠人提出要求，慈善组织就必须与捐赠人签订书面捐赠协议。除了法律规定的内容外，捐赠协议还可以包括慈善组织与捐赠人协商一致的其他内容，比如争议解决办法、免责条款、违约责任等。

46. 捐赠人有哪些权利?

对慈善事业的促进和激励，很大程度上是通过对捐赠人的激励和保护来实现的。慈善法专章规定了慈善事业的促进措施，同时，也专门规定了捐赠人的权利，以保护捐赠人的捐赠热情。慈善法第四十二条规定：“捐赠人有权查询、复制其捐赠财产管理使用的有关资料，慈善组织应当及时主动向捐赠人反馈有关情况。慈善组织违反捐赠协议约定的用途，滥用捐赠财产的，捐赠人有权要求其改正；拒不改正的，捐赠人可以向民政部门投诉、举报或者向人民法院提起诉讼。”根据这一条以及第三十九条的规定，捐赠人主要享有以下四个方面的权利：

一是要求签订书面捐赠协议的权利。在一般情况下，捐赠人当然可以不签订书面捐赠协议。但由于未签订书面协议的捐赠可能存在稳定性差、取证难、证据保存难等问题，所以为了更好地行使自己的权利，捐赠人可以要求慈善组织签订书面协议。如果捐赠人提出这一要求，慈善组织应当与捐赠人签订书面捐赠协议，而不论其捐赠额度大小。

二是约定捐赠财产的用途和受益人的权利。依据物权法的规定，所有人对自己的财产有处分的权利。捐赠人捐赠的是自己的财产，因此，在符合慈善法第三条规定的前提下，捐赠人原则上可以决定捐赠给谁，也可以决定捐赠财产的用途。接受捐赠的慈善组织应当尊重捐赠人的意愿。在前些年，有些地方发生重大自然灾害，当地政府曾经要求慈善组织将接收的款物上交民政部门，由民政部门在灾区内统一调配。这样的做法尽管在一定程度上实现了对捐赠财物的合理分配，但却可能违背捐赠人的捐赠意愿。因为很多捐赠款物都带有明确的指向性，比如只用于某些群体，或者只用于助学或者房屋修缮等指定的用途，慈善组织或者被资助人如果擅自把这些善款挪作他用，就违背了捐赠者的意愿，要承担相应的责任。

三是知情权。这是法律赋予捐赠人的重要权利。捐赠人有权查询、复制其捐赠财产管理使用的有关资料，慈善组织应当及时主动向捐赠人反馈有关情况。慈善组织不仅要建立相关的台账，还要尽可能建立信息跟踪系统，让捐赠人了解捐赠财产的具体使用情况和进展。

对捐赠人知情权的保障，也是对慈善组织款物使用情况进行监督的一种重要机制。比如，在 2014 年 8 月，演员袁立以普通捐赠者的身份向天使妈妈基金会查询相关信息，发现了“报表时间穿越”“信息更新不及时”“捐款数目变少”“孩子出院后仍然募捐”等诸多问题和疑点，倒逼天使妈妈基金会进一步完善信息公开和追溯机制，也给其他慈善组织提了个醒。

四是监督权。慈善组织违反捐赠协议约定的用途，滥用捐赠财产的，捐赠人有权要求其改正；拒不改正的，捐赠人可以向民政部门投诉、举报或者向人民法院提起诉讼。

在慈善组织违约的情况下，慈善法的处理方式和合同法是略有不同的，在合同法中，法律赋予了当事人撤销权；而在慈善法中，法律并未赋予捐赠人以撤销权，这一点区别值得关注。依照本条规定，对于捐赠人要求改正但慈善组织拒不改正的，捐赠人可以向民政部门投诉、举报，投诉举报一般应当向该慈善组织的原登记机关提出，民政部门调查后认为投诉举报属实的，可以依法责令相关的慈善组织按捐赠协议履行义务。当然，捐赠人也可以直接向人民法院提起诉讼，起诉一般按照民事诉讼法规定的管辖权限和程序提起。民政部门或者人民法院可以主持将捐赠财产转移给宗旨相同或者相近的慈善组织，以确保捐赠目的的实现。但不能变更捐赠财产的性质和用途，不能撤销捐赠而向捐赠人返还财产。

47. 为什么捐赠人不得指定其利害关系人作为受益人？

慈善法第四十条第一款规定：“捐赠人与慈善组织约定捐赠财产的用途和受益人时，不得指定捐赠人的利害关系人作为受益人。”这一规定旨在保证慈善捐赠的公益属性，将捐赠的财物真正用于法律所规定的慈善事业，以免捐赠人假借慈善名义牟取私利。

我们在调研中曾发现，在许多地方，慈善组织接受的捐赠中，超过80%的捐赠都是定向捐赠，即捐赠者在捐赠时就已明确了受益对象或者捐赠款物使用方向。原则上，法律对此是不禁止的。但是，实践中也存在一些非正常现象，比如，福建一家企业向当地红十字会捐款50万元，但要求将这50万元定向用于救助本企业的困难职工及其家属；贵州有一个企业老板向慈善组织捐赠一批医疗设备，但要求慈善组织将这批设备转赠给自己亲属经营的民营医院。对于此类捐赠，有的慈善组织感觉不好把握，不知是否应当接受捐赠，慈善法对此给予了明确的答案：不能。捐赠人与慈善组织约定捐赠财产的用途和受益人时，不得指定捐赠人的利害关系人作为受益人。

法律之所以规定不得指定捐赠人的利害关系人作为受益人，主要基于两个方面的考虑：第一，捐赠本身是一种公益事业，而指定利害关系人作为受益人，实际上就成为“私益”行为，这和慈善的公益属性相悖。第二，依据我国法律法规，公益性的捐赠可以依法享受税收等方面的优惠政策，如果某一捐赠既享受了国家的税收优惠政策，又使其利害关系人受益，就可能形成事实上的骗税行为。

48. 为什么禁止利用慈善捐赠宣传烟草制品等事项？

为落实我国的控烟目标，避免利用慈善活动将烟草营销宣传合法化，慈善法第四十条第二款规定：“任何组织和个人不得利用慈善捐赠违反法律规定宣传烟草制品，不得利用慈善捐赠以任何方式宣传法律禁止宣传的产品和事项。”

慈善法作出这一规定，主要目的在于落实联合国《烟草控制框架公约》的规定。对烟草的广告宣传早已为我国法律所禁止，广告法规定，禁止在大众传播媒介或者公共场所、公共交通工具、户外发布烟草广告；禁止向未成年人发送任何形式的烟草广告；禁止利用其他商品或者服务的广告、公益广告，宣传烟草制品名称、商标、包装、装潢以及类似内容。广告法还要求，烟草制品生产者或者销售者发布的迁址、更名、招聘等启事中，不得含有烟草制品名称、商标、包装、装潢以及类似内容。慈善法明确禁止利用慈善捐赠，违反法律规定宣传烟草制品，是对广告法有关规定的衔接和补充，也是积极履行《烟草控制框架公约》规定义务的体现。

《烟草控制框架公约》确定的几项重要原则是：禁止在公共场所、公共交通工具、室内工作场所、教育机构、卫生保健设施、向儿童提供服务的场所吸烟；全面禁止烟草广告、促销和赞助。《烟草控制框架公约》在我国生效已近10年，国际社会一直以来督促我国全面履约，要求我们在制定和修订相关法律时，应当将公约的有关规定转化为国内法。因此，社会各界不断呼吁，法律中应当明确规定，不仅要全面禁止所有的烟草广告，而且要禁止促销和赞助，这样有利于保护青少年身心健康。需要说明的是，《烟草控制框架公约》禁止的“烟草赞助”是指，目的、效果或可能的效果在于直接或间接地推销烟草制品或促进烟草使用的，对任何事件、活动或个人的任何形式的捐助。这一定义并没有绝对禁止烟草赞助，而是禁止烟草制品的生产者和销售者打着赞助的名义推销烟草制品。换句话说，如果不禁止烟草制品在慈善捐赠过程中的宣传，慈善捐赠将可能成为烟草及其制品宣传的重要渠道，这不仅不利于我国的控烟工作，也可能对《烟草控制框架公约》在我国的实施产生负面影响。

在立法过程中，有人主张应当全面禁止烟草捐赠和赞助行为。但是，各方未能就此达成共识，而且禁止烟草行业履行一些社会责任，也并非国际通行做法。因此，慈善法没有禁止烟草制品的生产者和销售者进行慈善捐赠，但明确规定“任何组织和个人不得利用慈善捐赠违反法律规定宣传烟草制品”。

49. 捐赠人不履行捐赠协议怎么办?

最近几年，诺而不捐的现象在一些地方时有发生，比如，有的企业在慈善晚会上公开宣布将向灾区捐款1000万元，有的企业老板宣布为灾区援建多所学校，但时隔一年多都未有任何具体行动，这引发了社会各界广泛质疑，也给慈善事业发展造成了负面影响。为了避免类似情况发生，慈善法第四十一条第一款规定：“捐赠人应当按照捐赠协议履行捐赠义务。捐赠人违反捐赠协议逾期未交付捐赠财产，有下列情形之一的，慈善组织或者其他接受捐赠的人可以要求交付；捐赠人拒不交付的，慈善组织和其他接受捐赠的人可以依法向人民法院申请支付令或者提起诉讼：（一）捐赠人通过广播、电视、报刊、互联网等媒体公开承诺捐赠的；（二）捐赠财产用于本法第三条第一项至第三项规定的慈善活动，并签订书面捐赠协议的。”慈善法第三条第一项至第三项规定的慈善活动包括：扶贫、济困；扶老、救孤、恤病、助残、优抚；救助自然灾害、事故灾难和公共卫生事件等突发事件造成的损害。

“捐赠人应当按照捐赠协议履行捐赠义务”，这是对捐赠人的一项原则要求。诚信是慈善法第四条规定的开展慈善活动应当遵循的四项原则之一。捐赠人既然已经通过媒体公开承诺捐赠或者签订了捐赠协议，就应当言而有信，履行捐赠义务，不能随意变更、撤销，诺而不捐。如果捐赠人违反捐赠协议逾期未交付捐赠财产，有慈善法第四十一条第一款规定的两种情形之一的，慈善组织或者其他接受捐赠的人有权要求交付；捐赠人拒不交付的，慈善组织或者其他接受捐赠的人可以依法向人民法院申请支付令或者提起诉讼。

对于强制履行捐赠义务的规定，在立法过程中是有较多争议的。有的人提出，捐赠行为是单方法律行为，法律关系以物的交付为成立要件，物在交付之前，法律关系都不成立，强制要求承诺捐赠者履行义务与民法基本原理不符，建议对承诺后不履行的情况，通过当初公布于众的方式再向社会公开就可以，也就是把原来获得的美誉“擦拭”掉就可以。但也有人持完全相反的意见，认为需要进一步扩大强制履行捐赠义务的范围，避免有人钻空子，打着慈善旗号为自己谋私利。

立法者综合考虑各方面意见，本着既要讲诚信，又要从实际出发的精神，一方面将“按照捐赠协议履行捐赠义务”作为对捐赠人的原则要求，另一方面，又充分考虑到现实中确有承诺捐赠以后经济状况显著恶化的情况，作出例外的规定。慈善法第四十一条第二款规定：“捐赠人公开承诺捐赠或者签订书面捐赠协议后经济状况显著恶化，严重影响其生产经营或者家庭生活的，经向公开承诺捐赠地或者书面捐赠协议签订地的民政部门报告并向社会公开说明情况后，可以不再履行捐赠义务。”这样规定很好地体现了实事求是的原则，从长远看，有利于鼓励人们积极捐赠，投身慈善事业。

慈善信托

50. 什么是慈善信托，其特点有哪些？

慈善法第四十四条规定：“本法所称慈善信托属于公益信托，是指委托人基于慈善目的，依法将财产委托给受托人，由受托人按照委托人意愿以受托人名义进行管理和处分，开展慈善活动的行为。”慈善信托属于公益信托，所谓公益信托，根据《中华人民共和国信托法》第六十条规定：“为了下列公共利益目的之一而设立的信托，属于公益信托：（一）救济贫困；（二）救助灾民；（三）扶助残疾人；（四）发展教育、科技、文化、艺术、体育事业；（五）发展医疗卫生事业；（六）发展环境保护事业，维护生态环境；（七）发展其他社会公益事业。”

慈善信托最早起源于13世纪英国的慈善用益制度。1601年，英国颁布《慈善用益法》，奠定了现代慈善信托的雏形。英国《2000年受托人法》第三十九条规定，慈善信托是为了慈善目的而持有财产的信托。美国法律学会编纂的《信托法重述（第二版）》第三百四十八条将慈善信托定义为关于财产的信义关系，产生于一种设立信托的意图，使个人持有财产并承担衡平法上的义务，为慈善目的处分财产。从国外立法实践来看，慈善信托往往是作为慈善法律制度架构中的一项重要制度而被纳入慈善法典或相应的成文法中予以规定。我国慈善法也将慈善信托纳入进来，单设一章，并对慈善信托作了完整明确的定义。

第一，慈善信托的设立必须基于慈善目的，这是慈善信托最基本的特征。那么，慈善目的应当包含哪些内容？慈善法第三条规定，本法所称慈善活动，是指自然人、法人和其他组织以捐赠财产或者提供服务等方式，自愿开展的下列公益活动：（1）扶贫、济困；（2）扶老、救孤、恤病、助残、优抚；（3）救助自然灾害、事故灾难和公共卫生事件等突发事件造成的损害；（4）促进教育、科学、文化、卫生、体育等事业的发展；（5）防治污染和其他公害，保护和改善生态环境；（6）符合本法规定的其他公益活动。据此，慈善信托在开展活动时应基于以上慈善目的，任何组织和个人均不得对慈善信托财产私分、截留、侵占或挪用于其他用途。从慈善法第三条所列六项涉及的范围或者领域来看，与信托法第六十条的规定是基本一致的，所以，慈善法规定的慈善目的与信托法规定的公益目的也是基本一致的。

第二，慈善信托的受益人是非特定的，这是慈善信托区别于其他信托的一个重要特征。通常，民事或营业信托在设立时必须确定具体的受益人。而慈善信托的受益人则是不特定的，信托文件仅载明受益人的资格条件，由受托人根据所确定的条件选择确定，而不是委托人在信托文件中具体指定的。例如，某人设立一项慈善信托，目的是资助本地区低保家庭的学生，虽然受益人的范围是确定的，但最终获得信托利益的学生却并非指定的。这样规定的目的主要是为了防止利益输送。当然，尽管受益人是不特定的，委托人依然可以规定或者限定受益人的人数，甚至受益人享受的信托利益的数量。

第三，与其他信托相比，慈善信托的设立要求更为严格。一是设立程序更复杂。慈善信托除了和其他信托一样需要书面签订合同确定有关信托的各类事项以外，还需要受托人在信托文件签订之日起七日内将信托文件向受托人所在地县级以上人民政府民政部门备案。不进行备案的，不享受税收优惠。二是对受托人的要求更高。在民事或营业信托中，凡符合信托法规定的完全民事行为能力人或依法设立的法人组织，都可以成为受托人。慈善信托则由于涉及社会公益，所以对受托人的条件作了限制，委托人仅能指定其信赖的慈善组织或信托公司担任受托人。三是特别设置了监察人制度。由于慈善信托的受益人在获得信托受益权之前是非特定、不明确的，与委托人没有利害关系，因此民事或营业信托中受益人对受托人的监督在慈善信托中很难实现，为弥补受益人监督的“缺位”，慈善信托设置了信托监察人，对受托人管理信托的行为进行监督，保证慈善信托目的的实现。

第四，信托财产与委托人、受托人的固有财产相互独立。信托财产所有权与民法上的一般财产所有权不同。就一般财产而言，所有权人可以对财产进行占有、使用、处分和收益。而信托财产权的法律性质较为特殊，信托有效设立后，信托财产即从委托人的其他自有财产中分离出来，成为一项独立运作的财产，仅服务于信托目的。对委托人来说，丧失了对信托财产的所有权，该信托财产不再属于其自有资产。对受托人来说，可以对信托财产进行占有、处分，但是不享有收益。对受益人来说，则取得了信托收益的请求权。若委托人或受托机构解散、被撤销或破产，信托财产不属于其清算或破产的财产，这样就能保障受益人不因委托人、受托人破产或发生债务而失去其享有的对该信托财产的权利。

总的来说，慈善信托既不同于捐赠、慈善财产使用等一般的慈善行为，也不同于具有完整组织结构的慈善组织。相较而言，慈善信托具有其他慈善组织形式难以比拟的制度优势。首先，慈善信托无需申请法人登记，也不需要专门的办公场所和独立的工作团队，运营成本低。其次，慈善信托财产独立性强，具有更多专业化的财产保值增值方式，更能实现捐赠人的意愿。我国的慈善事业还处于发展初始阶段，需要鼓励更多的民间力量、特别是先富群体参与进来。慈善信托会鼓励和吸引越来越多的富人做慈善。因此，在制度设计时，既设置完善、严格的慈善法人组织，又设置简便、灵活的慈善信托，这样就能各自发挥自身优势，更好地推动慈善事业发展。

51. 如何设立慈善信托，什么组织可以担任慈善信托受托人？

慈善法第四十五条第一款规定："设立慈善信托、确定受托人和监察人，应当采取书面形式。受托人应当在慈善信托文件签订之日起七日内，将相关文件向受托人所在地县级以上人民政府民政部门备案。"根据这一款的规定，设立慈善信托，首先要签订信托文件。设立信托的行为属于民事行为、契约行为，应先由委托人向其信赖的受托人提出信托意向，双方达成初步合意后，签订书面的信托文件，信托文件应载明下列事项：信托目的；委托人、受托人的姓名或者名称、住所；受益人的范围或者确定受益人的方式；信托财产的范围、种类及状况；受益人取得信托利益的形式、方法。如果委托人根据需要确定了监察人的，也应在文件中载明。除前款所列事项外，信托文件还可以明确信托期限、信托财产的管理方法、受托人的报酬、新受托人的选任方式、信托终止事由等事项。

其次，要履行备案程序。完成信托文件的签订以后，慈善信托的受托人应当在慈善信托文件签订之日起七日内，将相关文件向受托人所在地县级以上人民政府民政部门备案。备案要求是此次慈善法确定的新规则，此前信托法要求公益信托的设立和确定其受托人，应当经有关公益事业的管理机构批准。慈善法做这样的制度设计，主要是考虑到充分发挥慈善信托设立简便、机制灵活的特点，不再为之设置更为复杂严格的设立程序，鼓励更多社会力量利用慈善信托这种形式参与慈善事业。备案是慈善信托的生效要件，不备案的，不产生法律效力，不能以慈善信托的名义开展活动，如果委托人或者受托人破产或发生债务，该信托财产也不产生隔离的效力。特别要指出的是，备案也是慈善信托享受税收优惠的必要条件。慈善法第四十五条第二款规定，设立的慈善信托未按照法律规定将相关文件报民政部门备案的，不享受税收优惠。这是否意味着，依法备案的慈善信托自然都可以享受税收优惠？也不能得出这个结论。慈善信托能否享受税收优惠，关键还看是否真正基于慈善目的。但起码可以说，慈善信托不备案的，肯定不能享受税收优惠；依法备案的，有可能享受税收优惠。目前，我国在慈善信托税收优惠问题上还没有明确的法律法规依据，有关方面应当积极研究慈善信托的税收优惠问题，适时出台相关规定，把慈善法的精神落到实处。

关于慈善信托的受托人，慈善法第四十六条规定：“慈善信托的受托人，可以由委托人确定其信赖的慈善组织或者信托公司担任。”受托人又称“信托管理人”，是指因接受委托人委托对信托财产进行管理或处理以为他人谋求利益的人。受托人是委托人信任的人，他实际控制信托财产，承担着依信托目的管理、处分信托财产的责任，在信托关系中处于核心地位。因此，受托人的资格、权利和义务也是慈善信托法律规范的重点内容。与之前信托法的规定相比，慈善法对慈善信托受托人的资格限制更为明确。信托法规定“受托人应当是具有完全民事行为能力的自然人、法人。”其中，公益信托一章并未对受托人资格作其他规定，仅要求“确定其受托人，应当经有关公益事业的管理机构批准”。因此，公益信托受托人可以是自然人或法人，但实践中，设立的公益信托基本都是由信托公司管理。

慈善法对慈善信托受托人资格作出限制主要基于以下考虑：首先，慈善信托在我国刚刚起步，实践经验还不够，受托人的范围尚不宜过宽。目前个人信用体系尚不健全，出于保障委托人财产安全和受益人权益的考虑，慈善法未把自然人列为慈善信托的受托人。其次，从实践来看，信托公司作为专业进行信托管理的机构，具有很强的资产管理能力，能最大限度地保证慈善信托财产的安全和增值，防止不必要的资金运营亏损。因此，慈善法将信托公司列为慈善信托受托人。但同时，考虑到信托公司在开展慈善活动方面相对欠缺专业性，为了使慈善信托能发挥更大的社会效益、实现良好的社会公益目的，将慈善组织也列为慈善信托受托人。慈善组织（尤其是基金会）在我国拥有广泛的社会基础，已经成为公众心目中进行救灾扶贫等捐助活动的首选。因此，明确由慈善组织或者信托公司为受托人，可以充分发挥二者各自的优势。

52. 慈善信托受托人有哪些义务，违反法定义务应承担什么法律责任？

慈善法第四十八条规定："慈善信托的受托人管理和处分信托财产，应当按照信托目的，恪尽职守，履行诚信、谨慎管理的义务。慈善信托的受托人应当根据信托文件和委托人的要求，及时向委托人报告信托事务处理情况、信托财产管理使用情况。慈善信托的受托人应当每年至少一次将信托事务处理情况及财务状况向其备案的民政部门报告，并向社会公开。”根据此条规定以及慈善法第四十五、四十七条的规定，慈善信托的受托人应当履行以下义务：

第一，诚信、谨慎地管理和处分信托财产。信托文件作为委托人和受托人签订的合同，可以对受托人如何管理和处分信托财产进行具体的约定。但受托人在管理信托财产时还应当遵循一些法定的基本原则。慈善法第四十八条规定，受托人在管理和处分信托财产时，应当按照信托目的，恪尽职守，履行诚信、谨慎管理的义务。

首先，受托人应当严格按照信托目的管理和处分信托财产。也就是说，信托目的是衡量受托人处理信托事务的基准，受托人作出的任何与信托有关的行为都必须遵守信托的宗旨即委托人设立信托的目的。一旦受托人的行为脱离了信托目的的约束即视为违反信托。其次，受托人应当本着诚信的原则管理和处分信托财产。具体表现为：一是受托人除依照法律规定取得报酬外，不得利用信托财产为自己谋取利益；二是受托人不得将信托财产转为其固有财产。三是受托人不得将其固有财产与信托财产进行交易或者将不同委托人的信托财产进行相互交易，但信托文件另有规定或者经委托人或者受益人同意，并以公平的市场价格进行交易的除外。最后，受托人应当本着谨慎的原则管理和处分信托财产。委托人将财产交付信托，是基于对受托人的信赖。受托人正是基于这种信赖对信托财产进行管理和处分，因此，受托人必须以最大限度的善意、健全的判断力以及认真谨慎的态度来处理信托事务，换言之，要以与处理自己事务时相同的谨慎态度来处理信托事务。比如，信托财产面临损毁的危险时，受托人应立即采取适当的保护措施；第三人侵害信托财产时，受托人应采取诉讼或其他适当的保全措施。

第二，信托事务的报告和公开义务。慈善信托的受托人应当根据信托文件和委托人的要求，及时向委托人报告信托事务处理情况和信托财产管理使用情况；并应当每年至少一次将信托事务处理情况及财务状况向其备案的民政部门报告，并向社会公开；对所管理的不同慈善信托财产分别管理、分别记账；编制慈善信托财务会计报告并按要求提交、公布；保存慈善信托财产管理业务活动的记录、账册、报表和其他相关资料。

第三，备案义务。主要有两种情形：一是受托人应当在信托文件签订之日起七日内将信托文件向受托人所在地县级以上人民政府民政部门备案。二是慈善信托的委托人变更受托人的，变更后的受托人应当自变更之日起七日内将变更情况报原备案的民政部门重新备案。

此外，根据慈善法第五十条以及信托法的相关规定，慈善信托终止时，受托人还须履行下列义务：（1）将终止事项报告备案的民政部门。信托法规定，公益信托终止的，受托人应当于终止事由发生之日起十五日内，将终止事由和终止日期报告公益事业管理机构。慈善法明确了县级以上各级人民政府民政部门主管本行政区域的慈善工作。因此，受托人应当在慈善信托终止事由发生之日起十五日内，将终止事由和终止日期报告原备案的民政部门。（2）作出清算报告报民政部门核准并予以公告。信托法规定，受托人在信托终止时须就处理过的信托事务的内容对受益人或者信托财产权利归属人提出清算报告，清算报告须经信托监察人认可后，报民政部门核准，并由受托人向社会公告。（3）对剩余信托财产作近似目的处理。信托法规定，公益信托终止，没有信托财产权利归属人或者信托财产权利归属人是不特定的社会公众的，经公益事业管理机构批准，受托人应当将信托财产用于与原公益目的相近似的目的，或者将信托财产转移给具有近似目的的公益组织或者其他公益信托。慈善信托属于公益信托，当慈善信托终止时，受托人应遵循近似目的原则处理信托财产。

慈善信托的受托人违反法律规定，不履行或者不当履行法定义务，应依法承担相应的法律责任。慈善法第一百零五条规定："慈善信托的受托人有下列情形之一的，由民政部门予以警告，责令限期改正；有违法所得的，由民政部门予以没收；对直接负责的主管人员和其他直接责任人员处二万元以上二十万元以下罚款：（一）将信托财产及其收益用于非慈善目的的；（二）未按照规定将信托事务处理情况及财务状况向民政部门报告或者向社会公开的。”根据慈善法第一百零九条的规定，慈善信托的受托人违反慈善法规定，构成违反治安管理行为的，由公安机关依法给予治安管理处罚；构成犯罪的，依法追究刑事责任。

53. 慈善信托监察人有哪些职责?

慈善法第四十九条规定：“慈善信托的委托人根据需要，可以确定信托监察人。信托监察人对受托人的行为进行监督，依法维护委托人和受益人的权益。信托监察人发现受托人违反信托义务或者难以履行职责的，应当向委托人报告，并有权以自己的名义向人民法院提起诉讼。”

慈善信托监察人是指由委托人根据需要指定的、依照法律和慈善信托文件的规定监督受托人管理信托事务、维护委托人和受益人的合法权益的人。在民事或营业信托中，受益人是确定的，受益人可以亲自监督受托人行为以保护自己的权益。但是，慈善信托的受益人在享受信托受益权之前，并不具有明确的受益人身份，不能以受益人身份监督慈善信托的实施。因此，出于保护受益人的需要，设置信托监察人制度，由第三人代替受益人对受托人进行监督，以维护受益人的合法权益，确保信托确定的慈善目的得以实现。慈善法在设置监察人的程序上，充分尊重委托人的意愿，慈善信托是否设置监察人完全取决于委托人的意思表示，改变了之前信托法规定的监察人须由信托文件规定或由公益事业管理机构指定。

关于慈善信托监察人的职责，慈善法对信托法中的规定作了补充和完善，可归纳为两个方面：一是对受托人的行为进行监督，依法维护委托人和受益人的权益。这可以理解为信托监察人有权对受托人作出的任何与信托有关的行为进行全面监督。比如：有权了解信托财产的管理、处分情况，并要求受托人作出说明；有权查阅、抄录或者复制与信托财产有关的信托账目以及处理信托事务的其他文件；一旦发现受托人有关信托财产报告或者账目存在有隐瞒、虚假等情况时，信托监察人有权提出异议。二是发现受托人违反信托义务或者难以履行职责的，应当向委托人提出，并有权以自己的名义提起诉讼。由于监察人是作为监督第三方参与在慈善信托的关系中，他不能直接对受托人采取解任、处罚等措施，因此法律赋予其救济权，或向委托人提出，或向人民法院提起诉讼。由于监察人不是委托人的代理人，而慈善信托受益人又是非特定的公众，所以监察人既不能以委托人的名义，也不能以受益人的名义提起诉讼，须以自己的名义向法院提起诉讼。

总的来说，慈善法和信托法对监察人职责的规定还比较原则，有待在今后的配套法规规章中作出具体规定，增强可操作性。

54. 如何处理慈善法与信托法的关系？

根据慈善法第四十四条的规定，慈善信托属于公益信托。因此，信托法有关公益信托的规定适用于慈善信托。但是，慈善法中慈善信托一章与信托法中公益信托一章内容存在交叉，这样就面临一个前法与后法的关系处理问题。要理清这个问题，首先需要明确两法有哪些内容存在交叉与不同。

第一，主管机构。信托法第六十二条规定，公益信托的设立和确定其受托人，应当经有关公益事业的管理机构（以下简称公益事业管理机构）批准。在实践中，由于公益事业管理机构不明确，使得公益信托的设立存在障碍，难以发展壮大。慈善法第四十五条规定，受托人应当在信托文件签订之日起七日内将相关文件向受托人所在地县级以上人民政府民政部门备案。这样就明确了慈善信托的行政主管机关是民政部门。

第二，设立程序。信托法要求设立公益信托都应当经公益事业管理机构批准，未经公益事业管理机构的批准，不得以公益信托的名义进行活动。慈善法降低了设立门槛，要求受托人在信托文件签订之日起七日内将相关文件向受托人所在地县级以上人民政府民政部门备案即可。

第三，税收优惠。信托法没有对公益信托规定任何税收优惠措施，这是导致公益信托在实践中发展不佳的一个重要原因。根据慈善法第四十五条第二款“未按照前款规定将相关文件报民政部门备案的，不享受税收优惠”的精神，依法向民政部门备案的慈善信托，可获得享受税收优惠的资格。

第四，受托人范围与选任。信托法规定“受托人应当是具有完全民事行为能力的自然人、法人。”但公益信托一章并未专门对公益信托受托人资格作出规定，只规定公益信托受托人的确定、辞任、变更都须经过公益事业管理机构批准。慈善法第四十六条则对受托人的范围作了明确规定：“慈善信托的受托人，可以由委托人确定其信赖的慈善组织或者信托公司担任。”

第五，监察人的选任及职责。信托法规定公益信托应当设置信托监察人。信托监察人由信托文件规定，信托文件未规定的，由公益事业管理机构指定。慈善法则放松了限制，规定慈善信托的委托人根据需要，可以确定信托监察人。即设置监察人不是硬性要求，设与不设，委托人有自主决定权。在监察人的职责方面，慈善法相较于信托法也有不同规定。一是，信托法要求受托人应当至少每年一次作出信托事务处理情况及财产状况报告，经信托监察人认可后，报公益事业管理机构核准，并由受托人予以公告。慈善法则不再要求报告需经监察人认可。二是，慈善法更加明确了信托监察人在发现受托人违反信托义务或者难以履行职责的，应当向委托人报告，并有权以自己的名义向人民法院提起诉讼。

对于前法和后法规定不完全一致的条款，在法律适用上应当如何处理，按照立法法关于上位法优于下位法、特别法优于一般法、新法优于旧法的原则，新的规定与旧的规定不一致的，适用新的规定。由于信托法出台在前，慈善法出台在后，因此，上述信托法与慈善法规定不一致的地方，应当适用慈善法的规定。

慈善法慈善信托一章主要对慈善信托的定义、备案、受托人的资格和职责、监察人的选任和职责等作了规定。对于在本章未作规定的其他事项，应如何适用法律，慈善法第五十条作了明确的指引："慈善信托的设立、信托财产的管理、信托当事人、信托的终止和清算等事项，本章未规定的，适用本法其他有关规定；本法未规定的，适用《中华人民共和国信托法》的有关规定。"

慈善财产

55. 慈善组织的财产有哪些，其财产权有什么特征？

慈善法第五十一条对慈善组织的财产来源作了规定："慈善组织的财产包括：（一）发起人捐赠、资助的创始财产；（二）募集的财产；（三）其他合法财产。"从这一规定可以看出，慈善组织的财产主要有三类，一是慈善组织设立时从发起人那里获得的捐赠、资助的创始财产；二是设立后从社会或者他人那里募集获得的捐赠财产；三是其他合法财产，包括本组织会员缴纳的会费、政府购买服务的资金、保值增值的财产以及通过提供服务或出租出售资产获取收入等。在表现形态上，慈善组织的财产包括货币、实物、房屋、有价证券、股权、知识产权等有形和无形财产。

慈善组织的财产权具有下列特征：

一是慈善组织对其财产的所有权受到一定限制。慈善法第五十五条规定："慈善组织开展慈善活动，应当依照法律法规和章程的规定，按照募捐方案或者捐赠协议使用捐赠财产。慈善组织确需变更募捐方案规定的捐赠财产用途的，应当报民政部门备案；确需变更捐赠协议约定的捐赠财产用途的，应当征得捐赠人同意。"根据第五十四条规定，慈善组织为实现财产保值、增值进行投资的，投资取得的收益应当全部用于慈善目的。政府资助的财产和捐赠协议约定不得投资的财产，不得用于投资。慈善组织的财产在管理使用上，既要符合本组织的宗旨，又要符合募捐方案的规定或者捐赠协议的约定，不得随意使用、处分。所以，其财产权利可以定性为受到限制的所有权。

二是慈善组织的财产具有社会公共财产的属性。从财产来源看，慈善组织的创始财产来自捐赠，不是投资，不同于公司由股东共同投资设立，任何组织和个人（包括创始财产的提供者）对慈善组织都不享有股东权利。从财产目的来看，慈善组织以开展慈善活动为宗旨，受益人应当是不特定的社会公众，在某种意义上也可以说慈善组织是代表广大社会公众管理和使用财产。基于慈善财产权这种特殊性，公益事业捐赠法规定，公益性社会团体受赠的财产及其增值为社会公共财产。慈善法虽然没有明确慈善组织财产的性质，但其社会公共属性是不能抹杀的。

三是慈善组织的财产不分配、不返还。基于慈善组织的非营利性，慈善组织的财产不分配、不返还，要从始至终用于慈善目的。首先是不分配。根据慈善法第五十二条的规定，慈善组织的财产不得在发起人、捐赠人以及慈善组织成员中分配，任何组织和个人也不得私分、挪用或者侵占慈善财产。捐赠人向慈善组织进行捐赠、会员向慈善组织缴纳会费，是所有权的完全转移，不享有从该财产上受益的权利；理事代表公众利益来承担财产的管理使用职责，也不能从慈善组织的财产上获得收益。其次是不返还。根据慈善法第五十七条的规定，慈善项目终止后捐赠财产有剩余的，按照募捐方案或者捐赠协议处理；募捐方案未规定或者捐赠协议未约定的，慈善组织应当将剩余财产用于目的相同或者相近的其他慈善项目，并向社会公开。根据慈善法第十八条第三款的规定，慈善组织清算后的剩余财产，按照慈善组织章程的规定转给宗旨相同或者相近的慈善组织；章程未规定的，由民政部门主持转给宗旨相同或者相近的慈善组织，并向社会公告。

56. 慈善组织财产管理有哪些义务和要求？

慈善组织如何管理和使用慈善财产，发挥慈善财产的最大效用，是当前社会普遍关注的重点问题之一。慈善组织财产管理既要符合财产管理的一般要求，也要遵守慈善法的特殊规定。慈善法第五十三条规定："慈善组织对募集的财产，应当登记造册，严格管理，专款专用。捐赠人捐赠的实物不易储存、运输或者难以直接用于慈善目的的，慈善组织可以依法拍卖或者变卖，所得收入扣除必要费用后，应当全部用于慈善目的。"根据此条规定，慈善组织财产管理要做到以下三点：

一是要登记造册，财产的流入流出要全部进行记录。按照《中华人民共和国会计法》和财政部颁布的《民间非营利组织会计制度》等规范性文件规定，慈善组织必须根据实际发生的经济业务事项进行会计核算，填制会计凭证，登记会计账簿，编制财务会计报告。对于现金资产，应当按照实际收到的金额及时如实入账；对于非现金资产，如接受捐赠的短期投资、存货、长期投资、固定资产和无形资产等，应当按照国家有关规定，依据有关凭据或公允价值入账。对于无法可靠计量公允价值的财产，比如文物文化资产、无形资产等，应当设置辅助账，单独登记，并在会计报表附注中披露；劳务捐赠也难以确认价值，一般不直接入账，但也应当在会计报表附注中做相关披露。

二是要严格管理，建立必要的制度并严格加以执行。慈善组织要依据章程和捐赠协议的约定来管理财产，为了便于执行，应当按照章程规定的原则和程序进一步制定具体的制度。关于会计和内控制度，《民间非营利组织会计制度》有明确规定，慈善组织应当“根据国家有关法律、行政法规和内部会计控制规范，结合本单位的业务活动特点，制定相适应的内部会计控制制度，以加强内部会计监督，提高会计信息质量和管理水平。”慈善组织要按照有关规定建立健全现金收支管理制度。接受非现金捐赠的慈善组织，要建立相应的管理制度，要对非现金捐赠进行验收确认，登记入账，要施行实质性的管理控制，不能未经慈善组织履行必要的接收、审批和发放程序就由捐赠人直接转移给受益人或者其他第三方。同时，在资产管理、项目管理、绩效管理等制度中都要充分体现对慈善财产的保护。

三是对特定实物可以出售变现保管。捐赠人捐赠的实物不易储存、运输或者难以直接用于慈善目的的，慈善组织可以依法拍卖或者变卖，所得收入属于慈善财产，要按照规定妥善保管。对实物进行拍卖的，要严格遵守拍卖法的有关规定。拍卖或者变卖实物所得收入扣除必要费用（如拍卖费用等）后，应当全部用于慈善目的。

57. 慈善组织实现财产保值增值的途径有哪些，其投资应当遵循什么要求？

慈善法第五十四条规定：“慈善组织为实现财产保值、增值进行投资的，应当遵循合法、安全、有效的原则，投资取得的收益应当全部用于慈善目的。慈善组织的重大投资方案应当经决策机构组成人员三分之二以上同意。政府资助的财产和捐赠协议约定不得投资的财产，不得用于投资。慈善组织的负责人和工作人员不得在慈善组织投资的企业兼职或者领取报酬。前款规定事项的具体办法，由国务院民政部门制定。”

慈善组织投资，既关系到慈善目的的实现和慈善组织可持续发展，又涉及税收优惠和市场公平竞争，事关重大，须慎重对待。在慈善立法过程中，是否允许慈善组织投资经营是个有争议的问题。西方国家允许慈善组织通过投资来保值增值，如英国慈善法规定，慈善组织收入规模过大的，必须剥离一定资产成立基金会来进行投资；日本《公益社团法人及公益财团法人认定法》规定，慈善组织可以投资经营，对其经营业务分类实施税收减免优惠措施，但投资经营不得妨碍公益目的的实现。我国公益事业捐赠法和《基金会管理条例》都规定，基金会应当按照合法、安全、有效的原则实现基金的保值、增值。实践中，我国基金会既有采用传统的办法来保值增值，如银行存款等，也有一些开展了投资经营。慈善法根据我国慈善事业发展需要并借鉴国外经验，第一次从法律上明确规定慈善组织可以投资，这对于壮大慈善组织、发展慈善事业具有重要意义。

对慈善组织而言，其财产保值增值在实践中主要有以下几种情形：一是银行存款、购买国债等基本的保值行为；二是直接投资企业或房地产等主动的投资行为；三是委托金融机构进行股票、企业债券、基金等间接投资；四是企业向慈善组织捐赠股权、房产等，慈善组织因受赠股权、房产等形成的被动投资；五是慈善组织利用自有资源直接开展一些经营行为获取利润，例如出租房产、变卖捐赠物资、提供有偿服务等。允许慈善组织对财产保值增值，可以使慈善组织不单纯依靠捐赠，有了自我造血机能，从而更好地实现可持续发展，有利于慈善目的的实现。捐赠人向慈善组织捐赠股权、房产等，也能够使得慈善组织获得相对稳定的收入来源。但是，慈善组织不是一般意义上的投资主体，不能因开展保值增值而影响慈善宗旨的实现，影响捐赠协议的履行，影响受益人和公众的利益。慈善组织的保值、增值活动必须符合慈善组织的本质属性，必须受到约束。为此，慈善法对慈善组织的投资作了若干限制性规定，将慈善组织的投资经营与一般市场主体的投资经营行为区别开来。一是规定了基本原则，即运作要合法、安全、有效，投资取得的收益要全部用于慈善目的；二是规定了基本的决策机制，重大投资方案应当经决策机构组成人员三分之二以上同意；三是规定了投资财产限制，政府资助的财产和捐赠协议约定不得投资的财产，不得用于投资；四是规定了利益回避机制，慈善组织的负责人和工作人员不得在慈善组织投资的企业兼职或者领取报酬。

由于慈善组织投资经营情况复杂，目前我国经验不多，慈善法只作了原则规定，具体办法授权国务院民政部门制定。

58. 慈善组织使用财产应当遵循什么原则？

慈善法第五十五条规定：“慈善组织开展慈善活动，应当依照法律法规和章程的规定，按照募捐方案或者捐赠协议使用捐赠财产。慈善组织确需变更募捐方案规定的捐赠财产用途的，应当报民政部门备案；确需变更捐赠协议约定的捐赠财产用途的，应当征得捐赠人同意。”

慈善组织的财产权不同于一般法人的财产权，其行使要受到一定限制。捐赠财产在使用中，既要符合章程所规定的宗旨，又要符合募捐方案或者捐赠协议约定的用途。募捐方案或者捐赠协议可以对捐赠财产使用规定具体的时限和受益人的条件等，慈善组织应当严格履行。财产使用涉及的决策、审批、拨付，首先要按照章程和慈善组织内部制度规定的程序执行；募捐方案或者捐赠协议有具体要求的，慈善组织还应当针对特定捐赠财产或特定慈善项目建立具体的决策机制和审批拨付程序，并严格执行。

捐赠财产在实际使用中可能会发生需要变更用途的情

形，常见的有三种。一是捐赠目的不复存在。例如，慈善组织为某特定地区的特困人群进行募捐，在收到捐赠时，该地区符合条件的特困群体已经全部救助完毕，不再需要救助。二是无法按照约定的方式使用捐赠财产。例如，捐赠人为某受灾地区捐赠的物资，当地没有使用的条件，或者因交通问题无法送达；捐赠人向某学校捐赠一批教学设施，后经评估不适用于该年龄阶段的学生。三是捐赠财产有剩余。例如，某慈善组织为解决某受灾地区群众的某个具体问题募捐，由于公众热情高涨，捐赠款物远远超过当地实际需求。捐赠人捐赠给某个疾病患者的治疗费用在该病人治愈后没有使用完毕。在这些情形下，无法按照捐赠目的使用捐赠财产，是由于信息不对称、募捐和捐赠存在时间差等客观因素造成，并非慈善组织或捐赠人主观故意，也不存在违法违规，因此必须妥善处理。特别是在公开募捐时，由于慈善组织是直接以公开方式向不特定公众发布募捐公告，通过公布募捐账户持续接受捐赠，对捐赠人的实际捐赠时间以及通过汇款附言等方式提出的具体捐赠用途，只有在接到捐赠时方才知情，尤其容易发生上述情形。

由于捐赠财产不能返还捐赠人，当捐赠财产不能按照原有约定使用时，只能按照近似原则，通过一定的程序用于与原捐赠目的相近的其他慈善用途。为了确保慈善用途变更的公正，慈善法要求必须在监督下进行。公开募捐取得的捐赠财产由于涉及捐赠人较多，无法一一征求意见，由民政部门代表捐赠人和公众进行监督，慈善组织确需变更募捐方案规定的捐赠财产用途的，应当报民政部门备案。确需变更捐赠协议约定的捐赠财产用途的，应当征得捐赠人同意。

59. 慈善法对慈善项目的设计和实施有什么要求，慈善项目终止后剩余财产如何处理？

慈善法第五十六条规定："慈善组织应当合理设计慈善项目，优化实施流程，降低运行成本，提高慈善财产使用效益。慈善组织应当建立项目管理制度，对项目实施情况进行跟踪监督。"本条规定建立慈善项目制度，使慈善活动从开始筹划到募捐、到使用财产或者提供服务，始终按照具体的慈善项目来运作、管理。这一制度有助于慈善组织提高管理水平，提高财产使用效率和社会效益。

（1）慈善项目的设计和实施。做慈善与其他工作一样，都需要按照计划执行，一个慈善项目就是一项计划。慈善组织在履行宗旨的过程中，将宗旨分解为具体的任务，在实现具体任务时，为了成功达成任务的一系列目标而实施的活动，就构成慈善项目。慈善项目的实施过程也是慈善组织使用捐赠财产的过程。慈善项目应当最大化地实现慈善目的，在项目的设计、实施、成本控制上都尽可能地提高财产使用效益。慈善项目的任务设定应当尽量惠及更多的人，充分考虑人民群众的迫切需要和长远发展，寻求解决社会问题的最优方案。慈善项目的标准流程设计应当充分考虑经济成本、时间成本和有效控制，力争把捐赠财产花在刀刃上。慈善组织为了做好慈善项目，除了对受益人进行直接资助以外，也需要为项目的开展支付必要的运行成本，但成本的付出必须紧密服务于慈善目的的实现，通过直接资助与运行成本的合理分割，实现慈善项目社会效益的最大化。

为了实现上述目的，慈善法明确规定，慈善组织应当建立项目管理制度，对项目实施情况进行跟踪监督。这里所说的项目管理，就是指慈善组织或者慈善项目的管理者，在有限的资源约束下，运用系统的方法，对慈善项目涉及的全部工作进行有效管理，即从慈善项目的设计到项目结束的全过程进行计划、组织、指挥、协调、控制和评价，以实现项目的目标。慈善组织既要在组织层面建立统一的项目管理制度，又可以根据具体项目的具体特点制定细则。慈善组织对其实施的慈善项目不能说给了钱就万事大吉了，还要对该项目整个运作情况、实施效果持续进行跟踪监督，发现问题及时纠正，以保证原定的慈善目的最终实现。对完成的慈善项目，慈善组织要开展绩效评估，可以委托第三方评估机构来做这项工作。另外，根据慈善法第七十三条第三款规定，慈善项目实施周期超过六个月的，至少每三个月公开一次项目实施情况，项目结束后三个月内应当全面公开项目实施情况和募得款物使用情况。

（2）慈善项目终止后剩余财产的处理。慈善法第五十七条规定：“慈善项目终止后捐赠财产有剩余的，按照募捐方案或者捐赠协议处理；募捐方案未规定或者捐赠协议未约定的，慈善组织应当将剩余财产用于目的相同或者相近的其他慈善项目，并向社会公开。”

慈善项目终止后，捐赠财产未使用完毕的，应当遵循国际上通行的“近似原则”，继续用于与原捐赠目的相同或近似的其他慈善项目，不能返还捐赠人，也不能用于任何非慈善目的。捐赠人可以按照近似原则在捐赠协议中与慈善组织就剩余财产的用途提前作出约定；慈善组织开展募捐时，也可以按照近似原则在募捐公告中对剩余财产的用途提前进行告知。捐赠协议或募捐公告中事先有约定的，慈善项目终止后的剩余财产按照事先约定执行；事先没有约定的，由慈善组织决定将剩余财产用于目的相同或者相近的其他慈善项目，并向社会公开。

60. 慈善组织如何确定受益人，二者关系如何？

（1）受益人的确定。慈善法第五十八条规定：“慈善组织确定慈善受益人，应当坚持公开、公平、公正的原则，不得指定慈善组织管理人员的利害关系人作为受益人。”慈善组织接受捐赠的目的是将捐赠财产用于慈善受益人，受益人对慈善组织的财产享有使用的权利，是慈善组织所提供服务的消费者。慈善组织对受益人可以提供财产资助，也可以利用自身的人力资源直接或者通过购买服务为受益人提供慈善服务。受益人可以是社会公众，也可以是若干个体，甚至是单独的个体。慈善组织资助福利院、养老院、学校、医院等机构用于恤孤、养老、助医、助学等慈善事业的，该机构本身是慈善组织的受益人，其服务对象也是慈善组织的受益人。

确定受益人要遵循以下原则：①公开原则，要求慈善组织将慈善项目、受益人条件、确定程序等有关事项的内容公布于众，建立透明的申请、筛选机制，保障社会公众的知情权，防止暗箱操作。②公平原则，要求慈善组织在确定受益人时，坚持法律面前人人平等和机会均等，避免歧视对待。③公正原则，要求慈善组织坚持正义和中立，防止徇私舞弊。慈善组织通过履行公开、公平、公正的原则进行选择，来保障选定的受益人符合慈善目的和捐赠人的意愿。没有建立公平、公正的选择标准，没有经过公平、公正的决策程序，没有充分的信息披露，直接指定特定受益人，就违背了慈善的宗旨。慈善法第五十八条明确规定，慈善组织不得指定慈善组织管理人员的利害关系人作为受益人。当然，慈善组织管理人员的利害关系人，如果符合慈善项目的受益人条件，可以与其他符合条件的人一样成为该项目的受益人。就是说，这些利害关系人可以同等条件地成为慈善项目受益人的一部分。比如，某个慈善组织管理人员的亲戚在某个贫困农村，该亲戚如果经过公开、公平、公正的程序和标准筛选后符合救助条件，可以与其他村民一样平等获得慈善救助。

（2）慈善组织与受益人的关系。慈善法第五十九条规定："慈善组织根据需要可以与受益人签订协议，明确双方权利义务，约定慈善财产的用途、数额和使用方式等内容。受益人应当珍惜慈善资助，按照协议使用慈善财产。受益人未按照协议使用慈善财产或者有其他严重违反协议情形的，慈善组织有权要求其改正；受益人拒不改正的，慈善组织有权解除协议并要求受益人返还财产。"

慈善组织与受益人之间的关系是平等的，一方不得将自己的意志强加给另一方，慈善组织将捐赠财产提供给受益人不是单方面的"恩赐"，实际上是在履行责任、完成捐赠使命。强调慈善组织与受益人法律地位的平等性，对慈善组织在开展慈善活动中尊重受益人、维护受益人权益具有重要意义。慈善组织与受益人签订协议不是强制性义务，而是根据实际需要决定是否签订协议。根据民法通则和合同法的规定，对于无民事行为能力人或者限制民事行为能力人的受益人，由其监护人或者法定代理人与慈善组织签订协议。经过双方平等协商，慈善组织与受益人可就下列事项达成协议：双方当事人的名称或者姓名和住所，慈善财产的种类及其用途，受益人的名额，资助的数额和期限，慈善组织交付财产的期限、地点和方式，慈善财产的使用方式，等等。

协议一旦签订，对双方当事人都具有法律约束力。慈善组织和受益人应当按照约定执行，不得擅自变更或者解除协议。当然在执行中，如果情况发生了变化，比如资助治病，受益人病情减轻或者加重，经双方协商，可以酌情减少或者增加资助数额。针对实践中有的受益人不够珍惜慈善资助、滥用慈善资源的情况，慈善法规定，受益人应当珍惜慈善资助，按照协议使用慈善财产。受益人未按照协议使用慈善财产或者有其他严重违反协议情形的，慈善组织有权要求其改正；受益人拒不改正的，慈善组织有权解除协议并要求受益人返还财产。这就赋予慈善组织以监督受益人合理使用慈善财产的权利和责任。

61. 慈善组织开展慈善活动的年度支出以及管理成本的标准如何确定？

慈善组织开展慈善活动的年度支出以及管理费用，是慈善财产管理使用中的一个重要问题，社会普遍关注。慈善法起草和审议过程中，对此主要有三种意见。一是主张慈善法应当对所有慈善组织的年度支出标准作出规定；二是主张慈善法只作原则规定，具体标准授权国务院有关部门制定；三是主张在明确总原则的前提下，能细化尽量细化，能具体尽量具体。

鉴于慈善组织的复杂性和慈善活动的多样性，综合考虑各方面意见并总结已有经验，慈善法第六十条分三款作了如下规定："慈善组织应当积极开展慈善活动，充分、高效运用慈善财产，并遵循管理费用最必要原则，厉行节约，减少不必要的开支。慈善组织中具有公开募捐资格的基金会开展慈善活动的年度支出，不得低于上一年总收入的百分之七十或者前三年收入平均数额的百分之七十；年度管理费用不得超过当年总支出的百分之十，特殊情况下，年度管理费用难以符合前述规定的，应当报告其登记的民政部门并向社会公开说明情况。""具有公开募捐资格的基金会以外的慈善组织开展慈善活动的年度支出和管理费用的标准，由国务院民政部门会同国务院财政、税务等部门依照前款规定的原则制定。”“捐赠协议对单项捐赠财产的慈善活动支出和管理费用有约定的，按照其约定。”这里所说的“管理费用”主要是指两部分，一是慈善组织工作人员的工资福利，包括行政管理人员的工资、奖金、住房公积金、社会保障费等；二是行政办公支出，包括办公费、水电费、邮电费、物业管理费、差旅费、折旧费、修理费、租赁费等。

正确理解和贯彻慈善法第六十条的规定，需要把握以下几点：

第一，对慈善组织运用慈善财产的原则要求。开展慈善活动、服务人民群众，是慈善组织设立和存续发展的根据。慈善组织通过多种方式募集财产的目的，是为了实现慈善宗旨，而不是消极地维持本组织的存续，也不是一味地发展壮大组织本身。光筹资不干活或者多筹资少干活，都违背了慈善目的和慈善组织存在的使命。因此，慈善法规定，慈善组织应当积极开展慈善活动，充分、高效运用慈善财产，并遵循管理费用最必要原则，厉行节约，减少不必要的开支。

第二，公募基金会的支出标准。具有公开募捐资格的基金会是慈善组织的一部分，目前，我国此类基金会约1700家左右。《基金会管理条例》第二十九条规定：“公募基金会每年用于从事章程规定的公益事业支出，不得低于上一年总收入的70%；非公募基金会每年用于从事章程规定的公益事业支出，不得低于上一年基金余额的8%。基金会工作人员工资福利和行政办公支出不得超过当年总支出的10%。”2014年，《国务院关于促进慈善事业健康发展的指导意见》规定：“基金会工作人员工资福利和行政办公支出等管理成本不得超过当年总支出的10%，其他慈善组织的管理成本可参照基金会执行。”慈善法在总结实践经验的基础上，适当放宽了标准，规定：“慈善组织中具有公开募捐资格的基金会开展慈善活动的年度支出，不得低于上一年总收入的百分之七十或者前三年收入平均数额的百分之七十；年度管理费用不得超过当年总支出的百分之十，特殊情况下，年度管理费用难以符合前述规定的，应当报告其登记的民政部门并向社会公开说明情况。”

第三，其他类型慈善组织的支出标准。除了公募基金会外，其他类型的慈善组织年度慈善活动支出和管理费用也应当有具体的标准。但由于慈善组织有大有小、类型多样，所开展的活动形形色色，筹款型慈善组织与服务型慈善组织在支出标准上差别很大，法律难以规定一个统一的标准。从这个实际情况出发，慈善法对其他慈善组织的慈善活动年度支出和管理费用标准，授权国务院民政部门会同国务院财政、税务等部门制定。制定的标准，应当体现“积极开展慈善活动，充分、高效运用慈善财产，并坚持管理费用最必要原则，厉行节约，减少不必要的开支”的原则。

第四，捐赠协议约定的支出标准。慈善法第六十条第三款规定：“捐赠协议对单项捐赠财产的慈善活动支出和管理费用有约定的，按照其约定。”本条第一、二款规定的“支出”是指慈善组织的年度支出，而第三款规定的“支出”是单项支出。就单项捐赠来说，捐赠人可以与慈善组织约定该捐赠财产的慈善活动支出和管理费用的比例，这一比例可以低于本条第一款规定的比例，也可以高于本条第一款规定的比例。但这种约定必须合法、合理，不能违背慈善宗旨。

从国际上看，许多国家的慈善立法对慈善组织募集资金用于公益事业支出的标准和管理费用作了规定。例如，日本《公益社团法人及公益财团法人认定法》规定，公益（慈善）组织执行“公益目的事业的收入预计不超过实施该事业需要支付的适当的费用额”（即收支相抵）。俄罗斯《慈善活动和慈善组织法》规定，以金钱为形式的慈善捐赠自慈善组织获得时起1年内至少80%用于慈善目的。以实物为形式的捐赠，自获得时起1年内用于慈善目的（但另有慈善规划规定的除外）。国外立法还普遍对慈善组织的理事、监事和职员人数及其报酬作了限制，防止以过高或者不当的报酬来变相分配慈善财产。例如，韩国《非营利机构成立与运作法案》规定，经有关部门批准，非营利机构可确定其全职人员的人数并给付报酬。

62. 慈善组织违反慈善财产管理使用有关规定应承担什么责任?

慈善法设“慈善财产”专章，对慈善组织管理使用慈善财产作了一系列规定。为确保这些规定得到遵守执行，慈善法法律责任一章对慈善组织违反慈善财产管理使用有关规定明确了相应的法律责任。

一是，慈善组织私分、挪用、截留或者侵占慈善财产的，由民政部门责令限期改正；逾期不改正的，吊销登记证书并予以公告。（第九十八条）

二是，慈善组织有下列情形之一的，由民政部门予以警告、责令限期改正；逾期不改正的，责令限期停止活动并进行整改：（1）违反慈善法第十四条关联交易规定造成慈善财产损失的；（2）将不得用于投资的财产用于投资的；（3）擅自改变捐赠财产用途的；（4）开展慈善活动的年度支出或者管理费用的标准违反慈善法第六十条规定的。慈善组织有上述规定的情形，经依法处理后一年内再出现上述规定的情形，或者有其他情节严重情形的，由民政部门吊销登记证书并予以公告。（第九十九条）

三是，慈善组织有慈善法第九十八、九十九条规定的情形，有违法所得的，由民政部门予以没收；对直接负责的主管人员和其他直接责任人员处二万元以上二十万元以下罚款。（第一百条）

四是，违反本法规定，构成犯罪的，依法追究刑事责任。（第一百零九条）

从上述规定可以看出，对违反慈善财产管理使用规定的行为，慈善法所规定的法律责任有行政责任和刑事责任，其中，行政责任有以下两类：

第一，责令限期改正。责令限期改正是行政主体责令违法行为人停止和纠正违法行为，要求恢复被侵害的管理秩序，是一种事后救济措施。行政处罚法第二十三条规定："行政机关实施行政处罚时，应当责令当事人改正或者限期改正违法行为。"实践中，责令改正虽然不是行政处罚，但是一种有效的执法措施，可以有针对性地纠正慈善组织的违法行为，而且责令改正与行政处罚并行，民政部门在对慈善组织违法行为给予行政处罚的同时，责令慈善组织限期改正，以便彻底纠正违法行为，同时避免"以罚代管"的现象。

第二，行政处罚。行政处罚是一种法律制裁，是对违法行为的一种惩戒。慈善组织违反慈善财产管理使用规定的，民政部门可视情节采取以下处罚措施：（1）警告。警告是一种申诫罚，适用于违法行为比较轻微的情形，目的是通过给予慈善组织一定的警示和批评，促使其发现和纠正违法行为。（2）限期停止活动。限期停止活动是一种能力罚，适用于较重的违法行为，目的在于通过限制慈善组织的行为能力，使其在一定时期内丧失从事业务活动的资格。（3）吊销登记证书。吊销登记证书也是一种能力罚，属于剥夺慈善组织行为能力的处罚措施，只有违法行为情节严重的，慈善组织才需承担被吊销登记证书的法律责任。（4）收缴违法所得，转给宗旨相同或相近的慈善组织。一般情况下，行政机关对违法行为所产生的违法所得应予以没收、上缴国库，但考虑到慈善组织和慈善财产的社会公益属性，慈善法对于慈善组织的违法所得并未规定予以没收，而是由民政部门予以收缴，转给宗旨相同或相近的慈善组织，以便更充分地发挥慈善财产的公益效用。（5）对直接负责的主管人员和其他直接责任人员可予以罚款的行政处罚。罚款是一种财产罚，慈善法所规定的罚款对象并非慈善组织而是对直接负责的主管人员和其他直接责任人员，这也是从最大限度发挥慈善财产公益效用角度考虑的。对违反财产管理使用规定的违法行为，民政部门可将对个人的财产罚与对组织的处罚并用，增加当事人违法成本，督促相关人员全面履行注意义务和忠实义务，同时也有效避免、遏制违法行为。

慈善服务

63. 什么是慈善服务，与志愿服务是什么关系？

（1）慈善服务是慈善活动的重要方式。慈善法第六十一条第一款规定："本法所称慈善服务，是指慈善组织和其他组织以及个人基于慈善目的，向社会或者他人提供的志愿无偿服务以及其他非营利服务。"慈善活动的目的是帮助他人和社会，从提供者的角度，"有钱出钱，有力出力"；从需求者的角度，既有物质性的需求，也有非物质性的需求。因此，慈善组织所开展的慈善活动大致可以分为款物资助型慈善活动和服务型慈善活动。慈善法第三条将捐赠财产和提供服务作为开展慈善活动的两种重要形式。

追溯慈善活动的起源，服务型慈善与款物资助型慈善一样，都有着古老的历史。但从英国慈善法关于慈善目的定义的演变历史来看，在18世纪，教会所开展的慈善活动多集中在扶贫济困这类典型的款物资助型慈善活动。进入

20世纪，随着慈善事业的发展，慈善组织的规模越来越大，其最引人瞩目的特征是对社会财富的聚合再分配，即如一些经济学家所言，相当于“第三次分配”（同时可能涉及第二次分配中政府税收的让渡）。因此，慈善立法关注的重点是慈善财产“从哪里来、如何管理、用到哪里”，对慈善活动进行规范的核心是保证财产安全。囿于当时经济社会发展的程度以及人们慈善的理念，在以财产规则为中心的立法模式下，服务型慈善未能从一开始就受到立法者的重视，游离在专门规则之外，由其他民事、行政法律来调整。

但是，随着经济社会的发展，特别是第二次世界大战结束后，以提供非物质帮助为主的服务型慈善日益成为慈善事业发展的重要组成部分。主要原因：一是随着社会保障体系的建立与逐渐完善，社会救助制度和社会保险等制度确立，社会成员特别是其中贫困群体和因各种风险而处于困境的群体被纳入制度化的保障，原先在这一领域活跃的款物资助型慈善活动也相应逐渐转变方式。以扶贫为例，从古代简单的施衣舍食，到现代的就业辅导+发放创业贷款等一条龙“授之以渔”的服务，慈善活动的面貌在悄然发生改变。在西方发达国家这一现象尤为显著，我国尚处于社会主义初级阶段，社会保障体系强调“广覆盖、保基本、多层次、可持续”，款物资助型慈善的作用仍不可替代，但服务型慈善的作用也日益显现。二是慈善活动的领域不断拓展，教育、科学、文化、卫生、环境保护等领域的慈善活动，往往并不向受益对象提供有形产品，但这些慈善活动提供了大量对他人和社会有益的无形产品或服务，并且其发挥的作用越来越重要。三是在一些领域，慈善服务可以成为市场营利性服务和政府公共服务的重要补充。以养老为例，随着人口老龄化进程加快，护理照料等服务需求缺口很大，但养老服务业本身存在风险大、投资回报周期长、利润率低等特点，社会资本投资热情不高，在市场失灵的时候，一方面需要政府出台产业引导政策，另一方面也需要积极发展慈善性质的非营利养老服务。

（2）志愿服务属于慈善服务的范畴。志愿者和志愿服务是西方舶来概念与中国语言文字结合产生的词汇。志愿一词在《辞海》中的释义为：①志向和愿望；②有志于并情愿；自愿。志愿者对应英文 volunteer，根据《牛津英语辞典》的释义，volunteer 作为名词使用主要有三个含义：没有报酬地从事某项工作的人；主动而非被迫做某事的人；自己选择而非被迫加入武装部队的人。志愿服务对应的英文词语较多，维基百科对 volunteering 的解释为：通常被认为是一种利他的活动，目的是促进“善”和提高人类的生活质量；作为回报，这项活动能产生自我价值感和受到尊重感；个人没有经济上的收益。志愿服务在我国尚无统一定义，在地方性志愿服务法规以及香港特别行政区、我国台湾地区相关规定里面，志愿服务都至少包含自愿、无偿（或不以物质报酬为目的）、公益这三个基本要素。

志愿服务从本质上是慈善性的，与慈善精神相契合。西方慈善的起源与教会组织的志愿活动密不可分，中华民族自古以来就有守望相助的传统。近年来我国的志愿服务脱胎于学习雷锋精神活动，不断蓬勃发展，已经成为一种最具群众基础的慈善活动。公民参与慈善，既可以捐款捐物，也可以捐出自己的时间，把知识、技能和体力转化为对他人的帮助。与捐赠款物相比，志愿服务的特点是人人可为，解囊相助或许困于囊中羞涩，身体力行则难说力有不逮。许多国家积极倡导民众开展志愿服务、提倡全社会优待志愿者，既繁荣了公益慈善事业，也起到了公民教育的作用。根据慈善法第二章的有关规定，许多专门开展志愿服务的非营利组织符合慈善组织的条件，其他慈善组织在开展活动过程中也经常需要招募、组织志愿者贡献力量。

（3）其他非营利服务是慈善服务的重要组成部分。慈善法第四条规定，非营利是开展慈善活动的基本原则之一。营利一词在《现代汉语词典》中的释义为："动词，谋求利润。"非营利即指"不以谋求利润为目的"。根据慈善法的精神，非营利服务的内涵应当包括以下两层：首先，服务提供者的目的并不是为了获取利润，而是为了实现某种慈善目的；其次，服务活动如产生剩余收入（利润），不得进行分配，应当继续投入慈善服务中。志愿服务虽然符合非营利服务的条件，但志愿服务与其他非营利服务的主要区别在于，志愿服务的成本不需要由受益人承担，但其他非营利服务的受益人有时需要承担部分服务成本，从而使服务可持续。以博物馆展览服务为例，向参观者收取门票开放参观的部分属于非营利服务，而组织志愿者为参观者提供免费讲解的部分，则属于志愿服务。又例如，某帮助残疾人进行康复训练的非营利机构，其资金来源既有政府购买服务的资金和社会捐赠，也有服务对象支付的费用，这种康复服务也属于非营利服务。志愿服务和其他非营利服务都是慈善服务的重要组成部分，在不同领域、不同场合发挥各自的作用。

64. 开展慈善服务应当遵循哪些基本要求？

一是保证服务质量。随着社会分工不断细化，慈善活动的领域不断细分、专业化要求越来越高。因此慈善法第六十一条第二款规定："慈善组织开展慈善服务，可以自己提供或者招募志愿者提供，也可以委托有服务专长的其他组织提供。"结合慈善法第五十六条第二款"慈善组织应当建立项目管理制度，对项目实施情况进行跟踪监督"的规定，慈善组织应当对受托人和志愿者实施慈善服务的情况进行指导和监督，保证服务质量。

二是要尊重受益人和志愿者的人格尊严。由于服务活动固有的人身性较强的特点，实践中出现了受益人、志愿者等慈善服务参与者隐私泄露等情况。尽管受益人处于接受慈善服务的地位，但是其与志愿者的法律地位是平等的，其人格尊严和隐私受法律保护。因此慈善法第六十二条规定："开展慈善服务，应当尊重受益人、志愿者的人格尊严，不得侵害受益人、志愿者的隐私。"

三是要执行国家或者行业组织制定的标准和规程。随着慈善服务领域的扩大和细分，很多慈善组织逐渐涉足养老助残、教育培训等需要专门技能的行业。实践中，在这些专业性较强的慈善领域，出现了专业人员缺乏、服务不规范、服务质量参差不齐等情况，一些慈善项目未能达到预期效果。因此慈善法第六十三条规定："开展医疗康复、教育培训等慈善服务，需要专门技能的，应当执行国家或者行业组织制定的标准和规程。慈善组织招募志愿者参与慈善服务，需要专门技能的，应当对志愿者开展相关培训。"这就要求慈善组织不能因慈善服务的非营利性而放松服务标准，必须达到法律法规规定的标准或者行业标准，既保护受益人的合法权益，也引导服务提供者防范风险，避免产生纠纷，这样有利于慈善服务长期健康发展。

65. 慈善组织招募志愿者开展慈善服务应当尽到哪些义务?

慈善组织是现代慈善活动的重要主体，是慈善服务的主要提供者，也是志愿服务主要的组织者。慈善组织开展慈善服务过程中最需要法律明确的是慈善组织与志愿者的关系。志愿者为慈善服务提供了源源不断的人力资源，但由于志愿者不是慈善组织的雇员，双方权利义务不受劳动法调整，双方权益、特别是相对处于弱势地位的志愿者的权益需要专门作出规定。因此，慈善法第六十四条至第六十六条和第六十八条明确规定，慈善组织招募志愿者开展慈善服务应当尽到以下义务：

（1）公示信息、告知风险。志愿服务过程中会存在各种各样的风险，特别是在周期较长、涉及志愿者数量较多的志愿服务活动中，一旦发生自然灾害、人为事故或者因为志愿服务项目本身原因引发的事故，将可能导致志愿者人身、财产权益受到损害，或者可能对志愿服务对象、第三人的人身、财产权益造成损害，志愿者将面临被追诉并承担法律责任的风险。因此，慈善组织在招募志愿者时，应当公布与慈善服务有关的真实、准确、完整的信息以及慈善服务中可能出现的风险，为社会公众参加慈善服务提供完整的信息，让志愿者对参与慈善服务的风险有充分的认识。同时，慈善组织还应当根据慈善服务的具体情况，如是否对人身安全、身心健康有较高风险、是否需要志愿者连续较长时间服务等，来确定是否与志愿者签订协议，明确双方权利义务，服务的内容、方式和时间等。

（2）实名登记、做好服务记录并应要求出具证明。实名登记是志愿者管理的基本条件，是开展志愿服务记录的前提。慈善法有关实名登记的义务，只是对慈善组织的要求。在实践中，针对志愿者登记较为分散，资源重叠浪费的情况，我国正在推动建立统一的志愿者登记注册制度，对志愿者年龄、技能、特长等相关信息进行登记，建立志愿者信息数据库，了解志愿者参加志愿服务活动的意愿及其专业特长，以便合理配置志愿服务资源，也为注册志愿者提供更广阔的服务空间，实现志愿服务的规范化、常态化和专业化。志愿服务是志愿者对自己时间和专业技能的捐赠，与捐赠财产相比，难以用金钱来衡量，其时效性、过程性更强，所以，记录服务时间、内容和评价，对激励志愿者积极投身志愿服务活动具有重要意义，也是在全社会倡导志愿服务活动、优待志愿者的重要依据。在做好服务记录的同时，还应当根据志愿者的要求，无偿、如实出具志愿服务记录证明，以备志愿者在升学、就业等方面需要时提供证明。此外，慈善组织对于掌握的志愿者隐私信息，应当注意保密。为规范志愿服务记录证明工作，民政部联合中央文明办、教育部和共青团中央联合出台了《关于规范志愿服务记录证明工作的指导意见》，对志愿服务记录证明的出具主体、内容格式、办理流程和监督管理进行规范。

(3) 合理安排工作内容，提供必要的工作保障。慈善服务的成功开展，需要志愿者具备相应的体力、知识和技能等。慈善组织作为慈善活动的规划、指导和调动者，应当合理安排和指导志愿者开展志愿服务，即安排志愿者从事与其年龄、技能和身体状况相适应的活动，根据需要开展相关培训，这样既不浪费志愿者资源，同时也防范服务风险，提升服务效果。慈善组织还应当为志愿者参与慈善服务提供必要的物质条件，为开展可能存在一定人身危险性志愿服务的志愿者购买保险。保险是志愿者保障的重要制度，是分担志愿者在开展志愿服务过程遭遇的人身伤害、财产损失等风险，打消志愿者后顾之忧的有效措施。《中央精神文明建设指导委员会关于推进志愿服务制度化的意见》明确提出应当根据需要为志愿者参加志愿服务购买保险和提供物质保障。当前，发达国家和地区大多建立了志愿者强制人身保险制度。美国 1997 年《义工保护法》要求通过州际保险市场购买保险，来保证义工活动。意大利《志愿服务基本政策法》规定，志愿者组织必须针对事故、疾病以及与执行活动本身相关的第三方责任，为正在进行志愿工作的成员投保。罗马尼亚《志愿服务法》要求与志愿服务计划有关的费用将由与欧委会签订协议的保险公司负担。韩国2012年在灾难灾害救助、社会福利、保健等15个领域的志愿服务保险预算为62亿韩元。我国许多地方除在地方立法中对志愿服务保险作了规定，还进行了许多实践探索。北京、黑龙江、上海等地使用财政资金为所有实名注册志愿者提供免费保险，每名志愿者的保费不足1元甚至更低。通过财政的集中投入，覆盖了所有政府必须为志愿者投保的情形，如政府举办大型赛会招募志愿者的保险、应对突发事件招募应急救援志愿者的保险等，总量上节约了财政资金，极大地激发了志愿者参与慈善服务的热情，促进了慈善服务的开展。

66. 志愿者参与慈善服务有哪些注意事项?

慈善法第六十七条规定："志愿者接受慈善组织安排参与慈善服务的，应当服从管理，接受必要的培训。"结合慈善法第六十二条至第六十六条的规定，志愿者在享有知情权、保障权、获得证明权等各项权利的同时，也应承担相应的义务。首先，志愿者要向慈善组织提供个人真实身份信息，这是慈善组织进行实名登记的必要条件。其次，志愿者还应如实告知自己的身体状况、专长兴趣等，以便慈善组织合理安排服务工作，既保障志愿者的安全，也合理配置人力资源。实践中，一些志愿者凭借一腔热情，不顾自身条件去参与力不能及的服务活动，不仅实现不了志愿服务的目的，反而给慈善活动和自己带来不利影响，甚至身心受到伤害或者给服务对象造成伤害。如果志愿者故意隐瞒身体状况等造成损害的，应当认定志愿者存在过错。再次，在开展慈善服务过程中，志愿者应当服从管理，参与和退出服务活动应当及时告知慈善组织，保证慈善服务正常开展。根据所参与慈善服务的专业程度，志愿者还应接受慈善组织安排的必要培训。最后，志愿者应当尊重受益人的人格尊严，不得侵害受益人的隐私。

67. 慈善服务过程中发生人身、财产损害的，法律责任如何承担？

慈善法第一百零六条规定：“慈善服务过程中，因慈善组织或者志愿者过错造成受益人、第三人损害的，慈善组织依法承担赔偿责任；损害是由志愿者故意或者重大过失造成的，慈善组织可以向其追偿。志愿者在参与慈善服务过程中，因慈善组织过错受到损害的，慈善组织依法承担赔偿责任；损害是由不可抗力造成的，慈善组织应当给予适当补偿。”

慈善组织直接提供慈善服务过程中发生人身、财产损害的，一般按照民法通则、侵权责任法的有关规定处理。但在慈善组织招募志愿者开展慈善服务过程中发生损害的，责任归属较为复杂。志愿者与慈善组织之间既不是劳动关系，也不是劳务关系，志愿服务具有无偿性和公益性，特别是当损害涉及受益人或第三人时，多方法律主体的关系就更为复杂。在慈善法颁布之前，尚未有其他法律对此作出明确界定，已经颁布的地方性志愿服务法规中，对责任归属的规定也不尽一致。

志愿者虽然是服务活动的直接实施者，但所参与的慈善服务对外是以所在慈善组织的名义进行的，志愿者的志愿服务融入慈善组织开展的慈善服务当中。志愿者与慈善组织的关系，虽然不如雇佣关系那么紧密，但也形成了事实上的职务代理关系（与慈善组织工作人员接近），慈善组织应当比照雇主，对外承担替代责任。为了更有效地保障受益人和第三人的权益，降低志愿者从事慈善服务的风险，鼓励更多的人投身慈善，根据慈善法第一百零六条的规定，志愿者造成受益人、第三人损害的，无论慈善组织有过错还是志愿者有过错，都由慈善组织先行承担赔偿责任，志愿者存在故意或者重大过失情形的，慈善组织在承担责任之后可以向其追偿；志愿者在参与慈善服务过程中受到损害，慈善组织有过错的要依法承担赔偿责任，即使损害是由不可抗力造成的，慈善组织也应当给予适当补偿。此外，如果志愿者因慈善服务受益人或者第三人的原因受到损害的，志愿者有权依照民法通则、侵权责任法的规定要求赔偿，由于慈善组织与志愿者之间存在特殊的合作关系，慈善组织应当提供力所能及的帮助。

慈善法对慈善服务活动中损害责任承担的规定，与目前已经出台的多数地方性法规规定基本一致。之所以规定即使因志愿者的过错造成受益人、第三人损害的，慈善组织也要承担赔偿责任，一方面是由于志愿者个人处于相对弱势地位，另一方面也是考虑到作为组织者的慈善组织，理应比志愿者掌握更多信息，对慈善服务过程的管理能力和对风险的预判防范能力都应更强。但实践中，确实有许多中小慈善组织承担责任的能力有限，慈善服务损害赔偿责任对他们压力较大。因此，在慈善法实施中要进一步引导和鼓励慈善组织加强内部治理，提高风险管控能力，同时通过购买保险等方式，预先对慈善服务风险作出防范。

信息公开

68. 慈善法建立信息公开制度有什么意义?

慈善法用专章对慈善信息公开制度进行了规范，充分体现了立法的高度重视。建立健全慈善信息公开制度，意义重大。

一是有利于提升慈善事业公信力。公信力是慈善事业发展的基石，透明度是提升公信力的根本途径。慈善法颁布前，其他法律法规对慈善信息公开已经作出了一定要求，但尚未形成体系。近年来，慈善领域出现的一些信任危机，挫伤了公众参与慈善事业的热情。慈善立法回应社会关切，通过建立健全信息公开制度，切实保障社会公众的知情权，致力于把慈善事业做成人人信任的“玻璃口袋”。同时，完善的信息公开制度又倒逼慈善组织规范内部治理，提高管理水平和运作效率，提高公众满意度，最终提升行业整体公信力。

二是有利于形成有效的社会监督。慈善组织与企业不同，一方面具有非营利性、公益性的特点，另一方面也存在“所有者缺位”的管理难题。慈善组织的财产虽然来源于捐赠人，但捐赠行为一旦完成，财产即归属于慈善组织。而慈善组织的理事不是企业股东，虽然能够参与决策，但其私人不存在利益关系。为防止慈善组织的财产被侵占、浪费或者滥用，必须构建强有力的外部监督。在政府监管部门的监督管理之外，社会监督是不可或缺的方式。要进行有效的社会监督，前提就是信息公开，让公众充分了解慈善组织的各项信息，发现和检举不法行为，同时进行比较和甄别，淘汰不合格的、低效率的慈善组织。

三是反映了慈善组织享受税收优惠的基本要求。税收优惠是指国家将纳税人应纳税额的一部分或全部让渡给纳税人的财政性措施。我们通常所说的慈善组织的税收优惠，包括捐赠人的公益性捐赠税前扣除和慈善组织所得税免税两类，这两类税收优惠目的是鼓励慈善捐赠和慈善事业发展。同样根据权利义务对等原则，慈善组织要获得税收优惠资格，需接受广大纳税人、社会公众的监督，以避免税收流失，导致财政体制受到冲击和危害。

四是体现了对捐赠人的责任。慈善财产主要来自捐赠，按照权利义务对等原则，慈善组织的信息公开义务应当与其所拥有的权利相对应，因此，慈善组织对捐赠人有报告财产使用情况和接受捐赠人监督的义务；对于开展了公开募捐的慈善组织，还应当承担更多的信息公开义务。

在慈善法第八章中，首先明确了慈善组织和慈善信托受托人公开慈善信息的三原则——真实、完整、及时，这是总原则、总要求；其次规定了信息公开的内容，分为向社会公开的慈善信息和向捐赠人、受益人等特定对象公开的信息；最后，具体规定了信息公开的方式。值得注意的是，本章的信息公开制度是慈善活动全方位、全主体、全环节的全面的信息公开。不仅仅要求慈善组织、慈善信托的受托人要履行信息公开义务，政府及其有关部门在履行职责过程中制作或者获取，以一定形式记录、保存、形成的与慈善组织、慈善活动有关的政府信息也应公开。慈善事业涉及广大社会公众的利益，与慈善相关的政府信息具有很强的公共性，也是慈善活动接受社会监督的重要基础，为此本章专门规定了政府部门也有义务将与慈善有关的政府信息向社会公开。政府及其有关部门对慈善信息的公开，遵照本法的专门条款规定，本法未规定的，按照政府信息公开条例的有关规定执行。

69. 政府在促进慈善信息公开中有什么职责？

一是建立健全信息统计和发布制度。慈善法第六十九条第一款规定："县级以上人民政府建立健全慈善信息统计和发布制度。"政府在履行职责过程中要做好慈善信息的收集、整理、统计、发布等，形成制度，设立标准，信息统计的各个环节要更规范、更准确、更全面。建立健全慈善信息统计和发布制度，摸清慈善事业的"底数"，是政府做好慈善信息公开的基础，也是慈善事业相关决策的重要依据。

二是确定公开平台。慈善法第六十九条第二款、第三款规定："县级以上人民政府民政部门应当在统一的信息平台，及时向社会公开慈善信息，并免费提供慈善信息发布服务。""慈善组织和慈善信托的受托人应当在前款规定的平台发布慈善信息，并对信息的真实性负责。"民政部门应当建立或者指定免费发布慈善信息的统一平台，以方便慈善组织在该平台进行信息展示、履行信息公开义务；方便社会公众在平台上进行信息检索、查询和监督。目前，社会上已经自发建立了不少慈善信息公布平台，有的门户网站也开设了公益频道、公益专区等，这些平台虽然已经具备了一定的社会影响力，但全国统一的信息平台尚未建立。民政部门作为慈善事业的主管部门，是政府公开慈善信息的主要责任人，政府在慈善信息公开中的主要职责是由民政部门来承担，因此由民政部门建立或指定统一的信息平台，具有工作上的便利性和专业性。

70. 民政等有关部门应当向社会公开哪些慈善信息，未依法履行信息公开义务应承担什么法律责任？

根据慈善法第七十条的规定，县级以上人民政府民政部门和其他有关部门应当及时向社会公开下列慈善信息：

（1）慈善组织登记事项。主要包括慈善组织名称、组织形式、登记管理机关、业务主管单位、统一社会信用代码、设立宗旨、业务范围、法定代表人、成立时间、联系方式、住所、是否具有募捐资格以及慈善组织章程中载明的其他事项。

（2）慈善信托备案事项。主要包括委托人、受托人的登记事项、信托文件、受托人变动情况、信托事务处理情况及财务状况等。

（3）具有公开募捐资格的慈善组织名单。该名单包括依法登记为慈善组织满二年，经申请取得公开募捐资格的基金会、社会团体、社会服务机构；还包括法律、行政法规规定自登记之日起即可以进行公开募捐的基金会和社会团体。

（4）具有出具公益性捐赠税前扣除票据资格的慈善组织名单。该名单目前由财政、国税、民政三部门联合发布公告予以确认。

（5）对慈善活动的税收优惠、资助补贴等促进措施。税收优惠措施如2015年12月颁布的《慈善捐赠物资免征进口税收暂行办法》，该办法规定对境外捐赠人无偿向受赠人捐赠的直接用于慈善事业的物资，免征进口关税和进口环节增值税。资助补贴措施如中央财政支持社会组织参与社会服务项目，该项目的资金使用管理办法、项目实施方案以及评审、立项、审计、评价等环节都向社会进行了公开。

（6）向慈善组织购买服务的信息。如委托慈善组织进行课题研究，选择慈善组织的方式、标准、程序以及购买服务的金额、内容等信息要向社会进行公开。

（7）对慈善组织、慈善信托开展检查、评估的结果。如对慈善组织进行抽查审计和等级评估，有关结论要向社会进行公开。

（8）对慈善组织和其他组织以及个人的表彰、处罚结果。如中华慈善奖的评选结果、对某组织作出停止活动的行政处罚等信息要向社会进行公开。

需要指出的是，慈善信息内容丰富、涉及面广，除民政部门外，其他有关部门也会掌握部分慈善信息，如财政、税务、审计、教育、科学、文化、卫生、体育、环保、公安等部门，这些政府部门在各自的职责范围内，也要承担向社会公开慈善信息的职责。

根据慈善法第一百零八条第一项的规定，县级以上人民政府民政部门和其他有关部门及其工作人员未依法履行信息公开义务的，“由上级机关或者监察机关责令改正；依法应当给予处分的，由任免机关或者监察机关对直接负责的主管人员和其他直接责任人员给予处分。”

71. 慈善组织信息公开应当遵循哪些原则？

慈善法第七十一条规定：“慈善组织、慈善信托的受托人应当依法履行信息公开义务。信息公开应当真实、完整、及时。”该条明确了慈善组织信息公开的三个基本原则。

一是真实。“真实”有两个层面的要求：第一，要符合客观事实；第二，要准确可靠。因此，慈善组织应当公开客观、确切的信息，特别是有关收支等数据信息，不得伪造、编造、捏造，不得进行误导式描述，慈善组织要对发布信息的真实性负责。

二是完整。“完整”的一般含义是“没有损坏或残缺”，在这里是要求慈善组织严格按照法律、法规的要求，全面公开有关信息，不得进行选择性公开。例如，不能只公开正面情况，对负面问题不予公开，不得有重大遗漏等。需要注意的是，“完整”并不意味着“无一例外”，慈善法第七十六条规定：“涉及国家秘密、商业秘密、个人隐私的信息以及捐赠人、慈善信托的委托人不同意公开的姓名、名称、住所、通讯方式等信息，不得公开。”因此，慈善组织在信息公开时要以审慎态度，判断信息是否属于禁止公开的内容。

三是及时。信息是有时效性的，信息的生命力就在于更新和流动，信息在传播中更迭的速度越快，在实践中的价值越高，意义越大。这点对于慈善组织也是同样适用的，如果公开的信息远滞后于信息获取者的预期，例如今日暴雨，第二天有关部门才发布警示，这样的信息便毫无价值。当然，“及时”并不等同于“实时”。慈善法第七十三条明确了慈善组织公开募捐信息的时限要求，除定期公开信息外，有关活动周期超过六个月的，至少每三个月公开一次，并在活动结束后三个月内全面公开相关情况。可见，信息公开的及时性应该更接近于“适时性”，是指在合适的时间节点进行公开。

72. 慈善组织应当向社会公开哪些信息，未依法履行信息公开义务应承担什么法律责任？

慈善法第七十二、七十三条对慈善组织向社会公开的信息内容和时间作了规定。根据这些规定，慈善组织向社会公众公开信息有以下几个层面的要求。

一是要公开章程和决策、执行、监督机构成员信息。如慈善组织名称和住所，组织形式，设立宗旨，业务范围，财产来源及构成，决策、执行、监督机构的组成、职责及成员信息，以及组织章程中载明的其他事项。上述信息有重大变更的，慈善组织应当及时向社会公开。

二是要公开年度工作报告和财务会计报告。报告应当包括慈善组织年度开展募捐以及接受捐赠情况、慈善财产的管理使用情况、慈善项目实施情况以及慈善组织工作人员的工资福利情况。具有公开募捐资格的慈善组织的财务会计报告须经审计。

三是具有公开募捐资格的慈善组织应当定期向社会公开其募捐情况和慈善项目实施情况。需要注意的是，公开募捐情况和慈善项目实施情况的信息公开有时限要求，除常规的定期公开以外，公开募捐周期超过六个月的，至少每三个月公开一次募捐情况，公开募捐活动结束后三个月内应当全面公开募捐情况；慈善项目实施周期超过六个月的，至少每三个月公开一次项目实施情况，项目结束后三个月内应当全面公开项目实施情况和募得款物使用情况。这样规定的目的，是要确保公众能够掌握持续时间长的募捐活动和慈善项目动态，更好地进行监督。

四是国务院民政部门要求公开的其他信息。例如，发生重大灾害或者事故时，国务院民政部门可以要求慈善组织对参与救灾的有关情况向社会进行公开。

根据慈善法第九十九条第一款第五项的规定，慈善组织未依法履行信息公开义务的，“由民政部门予以警告、责令限期改正；逾期不改正的，责令限期停止活动并进行整改”；第九十九条第三款规定，慈善组织有不依法履行信息公开义务的情形，并且“经依法处理后一年内再出现前款规定的情形，或者有其他情节严重情形的，由民政部门吊销登记证书并予以公告。”

73. 慈善组织应当向捐赠人、受益人等特定对象告知哪些信息？

（1）应当向捐赠人告知的信息。慈善法第七十四条规定：“慈善组织开展定向募捐的，应当及时向捐赠人告知募捐情况、募得款物的管理使用情况。”慈善组织应当就与捐赠人捐赠财产相关的信息履行告知义务，如募款目的、用途、受益人选择程序和标准、受益人情况、募得款物的使用计划及进度安排、管理制度、监督方式、评价标准等信息向捐赠人进行反馈。

（2）应当向受益人告知的信息。慈善法第七十五条规定：“慈善组织、慈善信托的受托人应当向受益人告知其资助标准、工作流程和工作规范等信息。”受益人实际上是从社会公众中按照慈善组织设定的程序和标准筛选出来的特定群体，因此，选择受益人的相关标准和程序，首先要向社会公开，以便潜在受益人申请。在选定受益人后，受益人就其受益项目的具体信息，如资助标准、工作流程和工作规范等，享有知情权。慈善组织应当就与受益人利益相关的信息履行告知义务。

74. 哪些慈善信息不得公开，泄露这类信息应承担什么法律责任？

慈善信息以公开为原则，不公开为例外。慈善法第七十六条对不公开的情形作了规定，主要包括两类信息：

一是涉及国家秘密、商业秘密、个人隐私的信息，不得公开。这是信息公开除外的一般性原则，主要是为了防止危害国家安全、侵犯他人权益或隐私等情况发生。二是捐赠人、慈善信托的委托人不同意公开的姓名、名称、住所、通讯方式等信息的，不得公开。慈善组织、慈善信托的受托人等应尊重捐赠人、委托人的意愿，不公开上述信息，这样通常不会影响公众对慈善活动的监督。需要指出两点：捐赠人和慈善信托委托人不同意公开的个人信息虽然不公开，但该笔捐赠或者信托的其他有关事项属于慈善法规定的公开范围的，应当以适当形式公开；上述不公开的信息，如果监管部门依法履行监督管理职责需要调查取证的，相关义务主体仍应如实报告，监管部门因工作需要掌握此类信息后，除法定事由外，也不得泄露。

泄露上述不得公开的慈善信息的，应承担相应的法律责任。慈善法第九十九条第一款第七项规定："泄露捐赠人、志愿者、受益人个人隐私以及捐赠人、慈善信托的委托人不同意公开的姓名、名称、住所、通讯方式等信息的"，由民政部门予以警告、责令限期改正；逾期不改正的，责令限期停止活动并进行整改。第九十九条第二款还规定："慈善组织违反本法规定泄露国家秘密、商业秘密的，依照有关法律的规定予以处罚。"第九十九条第三款规定，如果慈善组织有上述情形，并且经依法处理后一年内再出现前款规定的情形，或者有其他情节严重情形的，由民政部门吊销登记证书并予以公告。

另外，根据慈善法第一百零九条，违反慈善法第七十六条规定，有泄露国家秘密、商业秘密、个人隐私等行为，构成违反治安管理行为的，由公安机关依法给予治安管理处罚；构成犯罪的，依法追究刑事责任。

促进措施

75. 政府及其有关部门在促进慈善事业发展方面主要承担哪些职责?

从各国实践看，慈善具有明显的“民间”属性，但这并不意味着政府在慈善事业发展中无所作为。政府要为慈善事业发展创造良好环境，要积极采取各种措施，支持、促进慈善事业的发展。为此，慈善法专章规定了促进慈善事业发展的措施。

根据慈善法的规定以及相关政策文件精神，政府及其有关部门在促进慈善事业发展方面主要承担如下职责。

一是制定促进措施。慈善法第七十七条第一款规定：“县级以上人民政府应当根据经济社会发展情况，制定促进慈善事业发展的政策和措施。”这是对县级以上人民政府履行促进慈善事业发展职责的总体要求。在这方面，一些地方已有做法和经验。比如，2015 年 8 月，福建省人民政府出台了《关于促进慈善事业健康发展的意见》，制定了促进慈善事业发展的系列措施；再比如，2015 年 9 月，深圳市印发了《关于加快我市慈善事业发展的意见》，提出了促进该市慈善事业发展的十几项具体措施。

二是提供指导帮助。慈善法第七十七条第二款规定：“县级以上人民政府有关部门应当在各自职责范围内，向慈善组织、慈善信托受托人等提供慈善需求信息，为慈善活动提供指导和帮助。”比如，某地贫困学生较多，教育行政部门可以提供所有需要救助的学生名单、接受救助情况等，从而让慈善组织、慈善信托受托人实现“精准帮扶”，避免大量救助资源集中于少数困难学生，而其他学生却得不到关爱。

三是建立慈善信息共享机制。慈善法第七十八条规定：“县级以上人民政府民政部门应当建立与其他部门之间的慈善信息共享机制。”这一规定，有助于提高慈善资源的使用效益。

四是支持慈善组织提供服务。大量慈善组织从事养老、助残等慈善服务活动，这也是政府购买公共服务的重点领域，政府可以在购买公共服务等方面对符合条件的慈善组织予以扶持照顾。因此，慈善法第八十七条规定：“各级人民政府及其有关部门可以依法通过购买服务等方式，支持符合条件的慈善组织向社会提供服务，并依照有关政府采购的法律法规向社会公开相关情况。”

五是将发展慈善事业纳入重要规划。根据《国务院关于促进慈善事业健康发展的指导意见》（国发［2014］61号），各级政府要将发展慈善事业作为社会建设的重要内容，纳入国民经济和社会发展总体规划和相关专项规划，加强慈善与社会救助、社会福利、社会保险等社会保障制度的衔接。在第十二届全国人大四次会议批准的《中华人民共和国国民经济和社会发展第十三个五年规划纲要》中，就包含了促进慈善事业发展的重要内容，指出：“大力支持专业社会工作和慈善事业发展，健全经常性社会捐助机制。广泛动员社会力量开展社会救济和社会互助、志愿服务活动。”

六是建立健全慈善工作组织协调机制。慈善工作涉及面宽，财政、税务、扶贫、教育等许多部门均承担相应促进慈善事业发展的职责。有的领域，比如教育、残疾人工作、老年人权益保障等领域，慈善组织比较多，相关的行政管理部门往往还要给予业务指导和协调。因此，各有关部门要建立健全慈善工作组织协调机制，及时解决慈善事业发展中遇到的突出困难和问题。《国务院关于促进慈善事业健康发展的指导意见》也对此提出了要求。

76. 慈善法对税收优惠作了哪些规定，为什么这样规定？

税收政策是关乎慈善事业可持续发展的重大促进政策，是现代慈善事业得以发展壮大的重要因素。在慈善事业的各种激励机制中，税收政策是最为有效的政策杠杆。慈善法多个条款规定了促进慈善事业发展的税收优惠政策。

一是对慈善组织的税收优惠。慈善法第七十九条规定："慈善组织及其取得的收入依法享受税收优惠。"

二是对捐赠财产的税收优惠。慈善法第八十条规定："自然人、法人和其他组织捐赠财产用于慈善活动的，依法享受税收优惠。企业慈善捐赠支出超过法律规定的准予在计算企业所得税应纳税所得额时当年扣除的部分，允许结转以后三年内在计算应纳税所得额时扣除。境外捐赠用于慈善活动的物资，依法减征或者免征进口关税和进口环节增值税。"可见，无论是境内捐赠还是境外捐赠都依法享有相应的税收优惠。这里重点对境内捐赠的税收优惠作一说明。根据企业所得税法第九条，企业发生的公益性捐赠支出，在年度利润总额12%以内的部分，准予在计算应纳税所得额时扣除。企业发生的慈善捐赠，在规定额度以内的部分，可以当年进行所得税的税前扣除。如果企业捐赠额度超过扣除比例，不能结转以后年度扣除。在立法调研过程中，社会各界上述超过规定比例不能结转的规定意见较大。对此，慈善法积极回应社会关切，明确规定企业发生的慈善捐赠支出，在年度利润总额12%以外的部分，准予在未来三年内计算应纳税所得额时扣除，这是慈善法在税收优惠政策上的重大突破和亮点，是国家鼓励和引导企业进行慈善捐赠的有力举措。

三是对受益人的税收优惠。慈善法第八十一条规定："受益人接受慈善捐赠，依法享受税收优惠。"

四是对扶贫济困慈善活动的特殊优惠。为落实中央扶贫开发工作会议精神，慈善法第八十四条规定："国家对开展扶贫济困的慈善活动，实行特殊的优惠政策。"这里的特殊优惠政策，当然包括税收优惠政策。

另外，慈善法还规定了免征行政事业性费用的优惠政策。该法第八十三条规定："捐赠人向慈善组织捐赠实物、有价证券、股权和知识产权的，依法免征权利转让的相关行政事业性费用。"

在慈善法起草过程中，许多单位和人员提出，目前税收制度不完善是制约慈善事业快速发展的一个关键因素，比如税收优惠政策主要集中于所得税，企业捐赠后虽然可以享受所得税方面的优惠，但在增值税、消费税等方面享受税收优惠力度较小；再比如，税收优惠主要限于货币捐赠，捐赠实物往往难以享受税收优惠，个人和企业捐赠房产或者产品等实物，往往被视同销售，还要按销售商品先行缴纳有关税费；等等。因此，应当在法律中明确促进慈善事业发展的具体税收优惠措施，而不是只作原则性规定。这种意见比较集中而又切中要害，为什么没有体现在慈善法中？主要是由于，根据我国立法惯例和党的十八届三中全会决定关于“税收优惠政策统一由专门税收法律法规规定”的精神，慈善税收优惠的条件、税种、税率等具体事项，宜在修改完善相关税收法律法规时统筹考虑。

77. 弄虚作假骗取税收优惠应承担什么责任？

目前，在我国慈善事业发展过程中，不仅存在慈善税收优惠政策不健全的问题，也存在一些假借慈善名义骗取税收优惠的问题，这不仅造成国家税收流失，也影响慈善事业健康发展，因此，需要对弄虚作假骗取税收优惠的行为规定相应的法律责任。

慈善法第一百零三条规定：“慈善组织弄虚作假骗取税收优惠的，由税务机关依法查处；情节严重的，由民政部门吊销登记证书并予以公告。”第一百零九条规定，违反本法规定，构成犯罪的，依法追究刑事责任。这意味着，慈善组织骗取税收优惠的，除了可能被税务机关行政处罚以外，还可能被民政部门依法吊销登记证书。构成犯罪的，还要依法追究刑事责任。

对骗取税收优惠的具体惩罚措施，主要在税收法律和刑法等法律法规中规定。比如，税收征收管理法第六十四条规定："纳税人、扣缴义务人编造虚假计税依据的，由税务机关责令限期改正，并处五万元以下的罚款。纳税人不进行纳税申报，不缴或者少缴应纳税款的，由税务机关追缴其不缴或者少缴的税款、滞纳金，并处不缴或者少缴的税款百分之五十以上五倍以下的罚款。"刑法第二百零一条规定："纳税人采取欺骗、隐瞒手段进行虚假纳税申报或者不申报，逃避缴纳税款数额较大并且占应纳税额百分之十以上的，处三年以下有期徒刑或者拘役，并处罚金；数额巨大并且占应纳税额百分之三十以上的，处三年以上七年以下有期徒刑，并处罚金。扣缴义务人采取前款所列手段，不缴或者少缴已扣、已收税款，数额较大的，依照前款的规定处罚。对多次实施前两款行为，未经处理的，按照累计数额计算。有第一款行为，经税务机关依法下达追缴通知后，补缴应纳税款，缴纳滞纳金，已受行政处罚的，不予追究刑事责任；但是，五年内因逃避缴纳税款受过刑事处罚或者被税务机关给予二次以上行政处罚的除外。"根据刑法第二百一十一条的规定，单位犯第二百零一条规定之罪的，对单位判处罚金，并对其直接负责的主管人员和其他直接责任人员，依照第二百零一条的规定处罚。

78. 慈善法在土地、金融等方面规定了哪些促进慈善事业发展的措施?

慈善法第八十五条规定：“慈善组织开展本法第三条第一项、第二项规定的慈善活动需要慈善服务设施用地的，可以依法申请使用国有划拨土地或者农村集体建设用地。慈善服务设施用地非经法定程序不得改变用途。”这里所指的“第一项”和“第二项”规定的慈善活动，是指“扶贫、济困”和“扶老、救孤、恤病、助残、优抚”。本条规定包括两个层面的含义。

一是对慈善组织开展特定的慈善服务给予土地支持。用地保障是一种物化的有形的保障，是慈善组织开展特定慈善服务的基本条件。根据国土资源部发布的《划拨用地目录》的规定，非营利性的教育设施、体育设施、公共文化设施、社会福利设施等用地，可以采取划拨方式供地。慈善组织开展慈善活动如果涉及上述用地情形的，可以依法申请划拨用地。另外，农村公益性服务设施用地，可以依法使用农民集体所有的土地。

二是用途管制。为了保证慈善服务设施用地的公益性质，规范土地使用，确保服务供给数量，防止变相用于房地产开发以及其他借慈善之名谋取非法利益的情况发生，慈善法第八十五条规定：“……慈善服务设施用地非经法定程序不得改变用途。”擅自改变用途的，依照相关法律规定处理。比如土地管理法第八十条规定，不按照批准的用途使用国有土地的，由县级以上人民政府土地行政主管部门责令交还土地，处以罚款。

慈善法第八十六条规定：“国家为慈善事业提供金融政策支持，鼓励金融机构为慈善组织、慈善信托提供融资和结算等金融服务。”为慈善事业提供金融政策方面的支持，在世界发达国家较为常见。我国慈善法借鉴国外经验也作了相应规定。由于慈善组织财产的保值增值、慈善信托的设立实施、网络捐赠的日益普及等因素，现代慈善事业与金融的联系愈发紧密，国家为慈善事业提供金融政策支持，鼓励金融机构为慈善组织、慈善信托提供金融服务，顺应了这些需求和趋势，将更好地促进我国慈善事业发展。

79. 什么是政府购买服务，慈善法对此作了什么规定？

政府购买服务是一种新型的政府提供公共服务方式。一般来说，政府购买服务是指政府通过公开招标、定向委托、邀标等形式将原本由自身提供的公共服务转交给社会组织、企事业单位提供，以提高公共服务供给的质量和财政资金的使用效率，改善社会治理结构，满足公众的多元化、个性化需求。自20世纪70年代末起，英、美、澳、日等发达国家都逐步将政府购买公共服务作为重要环节纳入政府改革实践框架之中，取得了重大成效，不仅满足了公众的需求，而且提高了政府效率。

随着服务型政府的加快建设和公共财政体系的不断健全，我国也开始大力推广政府购买公共服务工作。2013年，国务院下发《国务院办公厅关于政府向社会力量购买服务的指导意见》，要求通过发挥市场机制作用，把政府直接向社会公众提供的一部分公共服务事项，按照一定的方式和程序，交由具备条件的社会力量承担。

政府购买服务和慈善事业发展之间有密切关联。政府原本承担的一些公共服务职能，比如老年人和残疾人照料等，多数可以交由慈善组织来承担，这不仅可以提高服务的效率和精准度，还可以解决慈善组织发展经费不足等问题，促进慈善服务的规范化发展。

慈善法将政府购买服务作为促进慈善事业发展的一项重要措施。该法第八十七条规定："各级人民政府及其有关部门可以依法通过购买服务等方式，支持符合条件的慈善组织向社会提供服务，并依照有关政府采购的法律法规向社会公开相关情况。"

慈善法的这一规定包括两个层面的含义：一是各级人民政府及其有关部门都可以依法通过购买服务等方式，支持符合条件的慈善组织向社会提供服务。这符合政府改革方向、慈善事业发展趋势和慈善组织使命，不仅有利于进一步转变政府职能、改善公共服务，还有利于慈善组织承接政府购买服务，实现慈善组织之间的良性竞争，提高慈善组织服务水平。二是政府购买慈善组织服务的情况要向社会公开。政府主动接受社会监督，有利于提高政府购买服务和慈善组织的透明度，提升资源使用效率和效益。

80. 慈善法对弘扬慈善文化作了哪些规定？

鼓励公众参与慈善，必须要有良好的法律做保障，也要有良好的“人文关怀”的社会环境，这种环境的形成则需要有文化的承载和激励。在美国、英国等西方国家，慈善事业的发达与其特有的慈善文化是密不可分的。在法律起草过程中，如何弘扬慈善文化，培育公民慈善意识，一直是立法者考虑的重要问题。

慈善法第八十八条分三款对弘扬慈善文化作了规定：一是国家采取措施弘扬慈善文化，培育公民慈善意识。二是学校等教育机构应当将慈善文化纳入教育教学内容。国家鼓励高等学校培养慈善专业人才，支持高等学校和科研机构开展慈善理论研究。三是广播、电视、报刊、互联网等媒体应当积极开展慈善公益宣传活动，普及慈善知识，传播慈善文化。

这三款规定是相辅相成的。第一款规定表明了慈善文化的重要地位，明确了国家采取措施弘扬慈善文化、培育公民慈善意识的总体要求。第二款、第三款规定则是弘扬慈善文化的具体措施，包括慈善文化教育、慈善专业人才培养、慈善理论研究、慈善宣传等重要举措，涉及教育机构、高等学校、科研机构和广播、电视、报刊、网站等主体，这些要求和措施，有利于慈善意识融入社会公众的基本价值观和行为取向，有利于从思想根源上解决当前慈善事业发展所面临的参与度不足等问题，有利于推动慈善事业更好地发挥扶贫济困、服务社会等积极作用，使慈善事业发展的根基越来越深厚。

81. 捐赠人对其捐赠的慈善项目可冠名纪念吗？

慈善法第九十条规定："经受益人同意，捐赠人对其捐赠的慈善项目可以冠名纪念，法律法规规定需要批准的，从其规定。"

根据这一规定，只要经过受益人同意，捐赠人可以对其捐赠的慈善项目冠名纪念，但法律法规规定需要批准的，要履行审批手续。比如，公益事业捐赠法第十四条规定："捐赠人对于捐赠的公益事业工程项目可以留名纪念；捐赠人单独捐赠的工程项目或者主要由捐赠人出资兴建的工程项目，可以由捐赠人提出工程项目的名称，报县级以上人民政府批准。"《民办教育促进法实施条例》第三十九条第二款规定："民办学校可以依法以捐赠者的姓名、名称命名学校的校舍或者其他教育教学设施、生活设施。捐赠者对民办学校发展做出特殊贡献的，实施高等学历教育的民办学校经国务院教育行政部门按照国家规定的条件批准，其他民办学校经省、自治区、直辖市人民政府教育行政部门或者劳动和社会保障行政部门按照国家规定的条件批准，可以以捐赠者的姓名或者名称作为学校校名。"

在我国慈善捐赠过程中，捐赠者获得冠名权现象比较常见。比如香港企业家田家炳投资数亿建立田家炳基金会，20 多年来，共在上百所学校捐建教学楼，许多教学楼都以田家炳先生名义冠名；香港企业家邵逸夫以"邵氏基金会"的名义捐赠大量资金支持内地教育事业，目前几乎有名的高校都建有逸夫楼、逸夫体育馆等以邵逸夫命名的教学设施；等等。通过捐赠冠名，冠名者可以提高社会知名度和美誉度，彰显自身的人格价值，并内化为丰厚的无形资产。而被冠名方则由此获得了有力的资金支持，可以推进自身事业发展。

82. 国家为什么要建立慈善表彰制度？

慈善法第九十一条规定："国家建立慈善表彰制度，对在慈善事业发展中做出突出贡献的自然人、法人和其他组织，由县级以上人民政府或者有关部门予以表彰。"这是促进慈善事业发展的重要制度性规定。

国家建立慈善表彰制度，是适应我国慈善事业蓬勃发展趋势的必然要求，是对欧美发达国家和我国香港特别行政区慈善表彰制度的有益借鉴，是吸引鼓励社会各界参与慈善事业的重要措施，是引导慈善行为、提升慈善效果的重要途径，是培育和践行社会主义核心价值观的重要方式。自 2011 年以来，全国已有部分省（区、市）以省级政府或民政部门等名义，表彰了一大批为慈善事业作出突出贡献的个人、企业、机构和项目，显著提升了慈善氛围，有效推动了社会建设，深化了社会主义核心价值观，带动了更多公众投身慈善、友爱互助。慈善法明确规定国家建立慈善表彰制度，有关方面要以此为契机，进一步完善慈善表彰制度、提高表彰层级、健全慈善表彰体系，为促进我国慈善事业健康发展、推动全面建成小康社会作出积极贡献。

监督管理

83. 对慈善活动的日常监管职责由哪些部门承担？

慈善法第六条规定：“国务院民政部门主管全国慈善工作，县级以上地方各级人民政府民政部门主管本行政区域内的慈善工作；县级以上人民政府有关部门依照本法和其他有关法律法规，在各自的职责范围内做好相关工作。”第九十二条规定：“县级以上人民政府民政部门应当依法履行职责，对慈善活动进行监督检查，对慈善行业组织进行指导。”根据慈善法的规定，对慈善活动的日常监管职责主要由民政部门承担，其他有关部门在各自职责范围内做好相关工作。

民政部门作为慈善工作的主管部门，除了负责慈善组织登记认定、公开募捐资格审查、慈善信托备案、公开募捐方案备案等以外，民政部门的日常监管职责还包括：一是受理慈善组织每年报送的年度工作报告和财务会计报告；

二是对慈善活动进行监督检查；三是对慈善组织、慈善信托受托人的信息公开进行监督；四是建立慈善组织及其负责人信用记录；五是组织开展慈善组织评估；六是受理相关投诉和举报，并及时调查处理；七是对慈善组织的违法违规行为以及非法公开募捐的组织和个人依法予以查处；八是法律法规赋予的其他职责。需要指出的是，民政部门对慈善活动的日常监管，不仅仅是针对慈善组织和慈善信托，也包括其他组织和个人的慈善活动。

政府其他有关部门虽然不是慈善事业主管部门，但对与本部门职责有关的涉及慈善的活动也负有监管责任。比如，公安部门有权对假借慈善名义或者假冒慈善组织骗取财产等行为进行查处，税务部门有权对慈善组织弄虚作假骗取税收优惠等行为进行查处，财政部门可以对捐赠票据使用情况进行专项检查或者抽查。广播、电视、报刊以及网络服务提供者、电信运营商未对利用其平台开展公开募捐的慈善组织履行验证义务的，由主管部门予以处罚或通报批评，等等。

“一打审批抵不上一项实在的监管。”随着登记门槛的降低，慈善组织会雨后春笋般增加，慈善活动也日益多样化、复杂化。加强对慈善活动的日常监管，是保证慈善活动依法开展、提升慈善公信力的重要保障。在降低登记门槛、简化登记程序、改革年检制度的大背景下，各级政府民政等有关部门需要把工作重心转移到对慈善活动的日常监督管理上来。

84. 民政部门对涉嫌违法的慈善组织可以采取哪些措施，应当遵循什么程序？

慈善法第九十三条规定：“县级以上人民政府民政部门对涉嫌违反本法规定的慈善组织，有权采取下列措施：（一）对慈善组织的住所和慈善活动发生地进行现场检查；（二）要求慈善组织作出说明，查阅、复制有关资料；（三）向与慈善活动有关的单位和个人调查与监督管理有关的情况；（四）经本级人民政府批准，可以查询慈善组织的金融账户；（五）法律、行政法规规定的其他措施。”以上监督检查措施是法律赋予民政部门的法定职权，民政部门依法履行监督管理职责进行监督检查时，有关单位和个人应当予以配合，拒绝、阻碍执法人员查处违法活动的，将由公安机关依法处罚；构成犯罪的，依法追究刑事责任。

程序正当是依法行政的基本要求。行政机关实施行政管理，必须严格遵循法定程序，依法保障行政管理相对人、利害关系人的合法权益。行政机关工作人员履行职责，与行政管理相对人存在利害关系时，应当回避。慈善法对民政部门实施监督检查的程序也作出了规定。其第九十四条规定："县级以上人民政府民政部门对慈善组织、有关单位和个人进行检查或者调查时，检查人员或者调查人员不得少于二人，并应当出示合法证件和检查、调查通知书。"

行政强制法专门规定了采取行政强制措施的程序。该法第十八条规定，行政机关实施行政强制措施应当遵守下列规定：（1）实施前须向行政机关负责人报告并经批准；（2）由两名以上行政执法人员实施；（3）出示执法身份证件；（4）通知当事人到场；（5）当场告知当事人采取行政强制措施的理由、依据以及当事人依法享有的权利、救济途径；（6）听取当事人的陈述和申辩；（7）制作现场笔录；（8）现场笔录由当事人和行政执法人员签名或者盖章，当事人拒绝的，在笔录中予以注明；（9）当事人不到场的，邀请见证人到场，由见证人和行政执法人员在现场笔录上签名或者盖章；（10）法律、法规规定的其他程序。这些规定，也是民政部门在采取相关的措施时必须遵循的。

另外，民政部门对涉嫌违法的组织和个人采取措施时，还应当遵循行政处罚法、《基金会管理条例》《社会团体登记管理条例》《民办非企业单位登记管理暂行条例》等相关法律法规的规定。

85. 为什么要建立慈善组织及其负责人信用记录制度?

慈善组织及其负责人信用记录制度是慈善法确立的一项重要监管制度。该法第九十五条第一款规定:“县级以上人民政府民政部门应当建立慈善组织及其负责人信用记录制度,并向社会公布。”信用记录制度是指关于信用及信用关系的“制度安排”,是对信用行为及关系的规范和保证,是约束人们信用活动和关系的行为规则。建立慈善组织及其负责人信用记录制度,对于转变政府部门管理方式、完善慈善组织监管制度、规范慈善组织健康有序发展都具有十分重要的意义。

第一,建立慈善组织及其负责人信用记录制度是市场经济的客观要求。现代市场经济是诚信经济,市场交易关系和交易行为更多地表现为信用关系,市场化程度越高,对市场主体诚信的发育程度要求也越高。慈善组织作为市场主体之一,自然也不能忽视自身公信力的建设。慈善组织及其负责人在参与慈善活动中形成的信用记录是参与社会经济生活信用记录的重要组成部分。慈善组织及其负责人在慈善活动中是否诚信,一定程度上也反映了其在参与其他社会经济生活中是否能做到诚信。

第二,建立慈善组织及其负责人信用记录制度是改进慈善组织管理的有效手段。可以预见，慈善法的出台将带来慈善组织数量的迅速增长，与此同时，政府部门对于慈善组织管理服务的任务也将随之大幅增加。面对这种情况，要实现对慈善组织放得开、管得住的要求，就需要转变政府管理方式，既要发挥政府各部门的综合监管效能，又要畅通社会监督渠道，发挥慈善组织自律作用；既要坚持依法管理，加强法律保障，又要运用诚信自律、道德约束等方式化解矛盾、解决问题。信用记录制度的建立，正是实现这一目标的有效手段和必由之路。特别是将慈善组织及其负责人信用记录制度纳入整体社会信用体系建设之中，将其在慈善活动和相关活动中的信用记录纳入整体的社会信用记录，能够有效地约束慈善组织及其从业人员的行为。

第三，建立慈善组织及其负责人信用记录制度是重塑慈善组织与捐赠人关系，防范慈善组织道德风险的需要。慈善组织作为慈善活动的主体，与热心慈善事业的捐赠人有着密切的信用关系往来，捐赠人的捐赠是慈善组织得以生存发展的重要资金来源，同时，捐赠人要想实现自己的慈善目的，也非常需要借助慈善组织的力量。总体上看，我国的慈善组织还处于发展的初级阶段，有些慈善组织内部治理不完善，组织机构不健全，民主管理不落实，财务管理不透明，自律性和诚信度不高，社会公信力不足，有的甚至违背慈善宗旨，打着慈善的幌子变相敛财。这些缺失诚信的行为严重损害了慈善组织的公信力和社会形象，影响了捐赠人、潜在捐赠人以及社会公众与慈善组织之间的信任关系，影响了慈善组织的健康有序发展。这不仅是对慈善组织的伤害，也是对热心慈善事业的社会各界力量的伤害。因此，需要通过建立慈善组织及其负责人信用记录制度，推进慈善组织诚信建设，引导慈善组织建立健全自律机制，实现自我约束、自我管理、自我规范，更好地维护公众利益，服务社会，真正树立慈善组织的良好形象。

86. 建立慈善组织评估制度有何意义?

慈善法第九十五条第二款规定：“民政部门应当建立慈善组织评估制度，鼓励和支持第三方机构对慈善组织进行评估，并向社会公布评估结果。”这既是对近年来民政部门开展社会组织评估工作经验的总结，也为今后开展慈善组织评估工作指明了方向。

近年来，随着我国经济发展和社会进步，以基金会为代表的各类慈善组织得到较快发展，在开展慈善活动、提供公共服务、促进公益事业等方面发挥了重要作用。但是一些慈善组织在发展中还存在组织机构不健全、内部治理不完善、组织行为不规范、社会公信力不高等问题。作为社会组织中最能体现社会关爱精神、自身运作最为复杂、公众关注度最强、社会期望值最高的一类组织，慈善组织的慈善活动能力和社会公信力是其生存与发展的根本条件。

慈善组织评估就是根据慈善组织的特征，以特定统一的指标体系为评议标准，遵循规范的科学方法和操作程序，通过定性和定量的对比分析，对慈善组织在一定时间段的组织管理情况、业务活动情况和通过活动所产生的社会效益及影响等作出客观、公正和准确的判断。建立慈善组织评估制度，开展慈善组织评估工作，无论是对慈善组织自身发展，还是对政府管理以及社会公众的知情监督都具有十分重要的意义。

第一，开展慈善组织评估，可以实现“以评促建”的目标，有利于加强慈善组织自身建设，完善慈善组织的法人治理结构，促进慈善组织运行和管理水平的提升，实现慈善组织自我管理、自我完善和自我监督。

第二，开展慈善组织评估有利于政府管理部门全面了解慈善组织的运作状况，进而有针对性地进行监管，促进政府监管方式的科学化和规范化，也有利于为政府向慈善组织转移职能和购买服务提供依据，充分发挥慈善组织在社会治理和公共服务中的积极作用。

第三，开展慈善组织评估有利于开拓社会公众与慈善组织的制度化沟通渠道，强化社会对慈善组织的检查和监督，更好地动员、利用社会力量对慈善组织进行多方位监督。

自2007年以来，民政部先后出台了《民政部关于推进民间组织评估工作的指导意见》《全国性民间组织评估实施办法》《社会组织评估管理办法》《民政部关于探索建立社会组织第三方评估机制的指导意见》等部门规章和规范性文件，慈善法实施后，民政部门有必要根据慈善法的规定，对现有的评估制度进行完善，尽快建立健全符合我国国情的慈善组织评估制度。

87. 慈善法对慈善社会监督是如何规定的?

慈善活动是通过慈善组织、捐赠人、志愿者、受益人等慈善活动参与者，将社会上的人力、物力、财力等资源聚集起来，以捐赠财产和提供服务等方式，重新组织分配到扶贫济困等社会最需要的地方，实际上就是一次社会公益资源再分配的过程，公众关注度高，涉及社会责任大。慈善活动是否规范、是否公开透明关系到慈善资源的保护，关系到慈善事业的发展，必须建立起法律监督、政府监督、社会监督与自我监督相结合的慈善事业监督体系。慈善社会监督主要是指公民、法人和其他组织等社会力量，通过咨询、投诉、举报、曝光等途径对慈善组织及其负责人和执行人员进行的监督。自觉接受社会监督，是慈善组织及慈善活动其他参与者的义务和责任。

慈善法从两个方面对慈善社会监督作出了明确规定。

第一，建立投诉举报机制。慈善法第九十七条第一款规定："任何单位和个人发现慈善组织、慈善信托有违法行为的，可以向民政部门、其他有关部门或者慈善行业组织投诉、举报。民政部门、其他有关部门或者慈善行业组织接到投诉、举报后，应当及时调查处理。"这里的社会监督主要是指公众监督，监督的方式是投诉、举报。监督的主体是任何单位或个人，被监督的对象是慈善组织及其管理人员、慈善信托委托人、受托人、监察人。监督的内容是慈善组织、慈善信托的违法行为。监督受理的主体是民政部门和其他有关部门或者慈善行业组织。民政和其他有关部门对慈善组织负有法定的监督管理职责，慈善行业组织对慈善组织负有行业规范、行业自律的职责，因此在接到投诉、举报后，无论是民政和其他有关部门还是慈善行业组织都应当及时进行调查处理。这样就把慈善社会监督、政府监督、行业自律连接了起来。

第二，注重发挥舆论和社会监督作用。慈善法第九十七条第二款规定："国家鼓励公众、媒体对慈善活动进行监督，对假借慈善名义或者假冒慈善组织骗取财产以及慈善组织、慈善信托的违法违规行为予以曝光，发挥舆论和社会监督作用。”这里主要规定了发挥舆论监督的作用，通过曝光的方式增强社会监督的效力。监督的主体强调了公众和媒体，监督的方式主要指曝光，既可以通过广播、报刊、电视等传统媒体曝光，也可以通过互联网等新兴媒体曝光。监督的内容既包括前款所规定的慈善组织、慈善信托的违法违规行为，也包括假借慈善名义或者假冒慈善组织骗取财产的行为。被监督的主体既包括依法成立的慈善组织及其相关责任人，也包括未经慈善组织登记或认定的组织，以及假借慈善名义骗取钱财的自然人、法人和其他组织。

88. 政府有关部门滥用职权、玩忽职守、徇私舞弊应当承担什么责任?

为了加强对慈善事业的监督和管理，慈善法在有关条款中规定了民政部门等有关部门的监督和管理职责。为切实履行对慈善事业管理和监督职责，慈善法第一百零八条对县级以上人民政府民政部门和其他有关部门及其工作人员滥用职权、玩忽职守、徇私舞弊的行为，规定了相应的行政责任和刑事责任。

这里所讲的“滥用职权”是指负有特定职权的部门及

其工作人员违反法律、法规规定的权限和程序，滥用权力，给国家和人民利益造成损失的行为。“玩忽职守”是指负有特定职务的工作人员，不履行、不正确履行或者不认真履行其职责，致使国家和人民的利益遭受损失的行为。“徇私舞弊”是指为徇亲友私情或者某种利益而置国家利益于不顾，弄虚作假，不按照工作原则和规定办事的行为。对构成上述违法行为的具体内容，慈善法第一百零八条规定了六种情形，包括：（1）未依法履行信息公开义务的；（2）摊派或者变相摊派捐赠任务，强行指定志愿者、慈善组织提供服务的；（3）未依法履行监督管理职责的；（4）违法实施行政强制措施和行政处罚的；（5）私分、挪用、截留或者侵占慈善财产的；（6）其他滥用职权、玩忽职守、徇私舞弊的行为。

根据慈善法第一百零八、一百零九条规定，县级以上人民政府民政部门和其他有关部门及其工作人员有上述滥用职权、玩忽职守、徇私舞弊行为的，由上级机关或者监察机关责令改正；依法应当给予处分的，由任免机关或者监察机关对直接负责的主管人员和其他直接责任人员给予处分。构成犯罪的，依法追究刑事责任。

一是行政责任。根据慈善法第一百零八条规定，对慈善事业负有管理和监督职责的县级以上人民政府民政部门和其他有关部门及其工作人员滥用职权、玩忽职守、徇私舞弊的，对直接负责的主管人员和其他直接责任人员给予处分。这里规定的处分的对象是“直接负责的主管人员和其他直接责任人员”。“给予处分”就是要按照公务员法的规定给予处分，处分分为警告、记过、记大过、降级、撤职、开除六种。实施处分的主体是上述人员的任免机关或者监察机关。根据行政监察法的规定，各级人民政府监察机关对本级人民政府各部门及其公务员的执法、廉政、效能情况实施监察，作出监察决定或者提出监察建议。

二是刑事责任。根据慈善法第一百零九条规定，对慈善事业负有管理和监督职责的县级以上人民政府民政部门和其他有关部门及其工作人员滥用职权、玩忽职守、徇私舞弊，构成犯罪的，对直接负责的主管人员和其他直接责任人员依法追究刑事责任。这里讲的构成犯罪，是指构成刑法第三百九十七条规定的犯罪。刑法第三百九十七条规定，国家机关工作人员滥用职权或者玩忽职守，致使公共财产、国家和人民利益遭受重大损失的，处三年以下有期徒刑或者拘役；情节特别严重的，处三年以上七年以下有期徒刑。国家机关工作人员徇私舞弊，犯前款罪的，处五年以下有期徒刑或者拘役；情节特别严重的，处五年以上十年以下有期徒刑。根据刑法上述规定，构成本条的犯罪，除主体是国家机关工作人员以外，还须具备以下条件：一是实施了滥用职权、玩忽职守或者徇私舞弊的行为；二是必须有由于滥用职权、徇私舞弊或者玩忽职守的行为“致使公共财产、国家和人民利益遭受重大损失的”后果。如果国家机关工作人员实施了滥用职权、玩忽职守、徇私舞弊的行为，但情节轻微，造成的损失不大，依照刑法的规定尚不构成犯罪的，属于一般违法行为，可以追究行政责任，依法给予处分。

附 则

89. 慈善法对慈善组织以外的其他组织开展慈善活动作了什么规定?

慈善组织是以开展慈善活动为宗旨的组织，是现代慈善事业的中坚力量。慈善法将慈善组织及其活动作为调整重点，涉及的条文最多。但是，慈善绝不是慈善组织的专利，慈善法鼓励人人参与慈善，全社会投身慈善。慈善法第五条规定：“国家鼓励和支持自然人、法人和其他组织践行社会主义核心价值观，弘扬中华民族传统美德，依法开展慈善活动。”慈善组织以外的其他组织虽然不是以开展慈善活动为宗旨，但也可以各种形式参与慈善事业。

（1）慈善法关于城乡社区组织、单位的规定

慈善法第一百一十条规定：“城乡社区组织、单位可以在本社区、单位内部开展群众性互助互济活动。”本条所称“城乡社区组织”，主要包括社区党组织、村（居）民委员

会、村（居）民小组和其他为本社区居民提供非营利服务的组织；“单位”包括企业、事业单位等。

关于社区的概念，2000 年，中共中央办公厅、国务院办公厅转发的《民政部关于在全国推进城市社区建设的意见》指出：“社区是指聚居在一定地域范围内的人们所组成的社会生活共同体。目前城市社区的范围，一般是指经过社区体制改革后作了规模调整的居民委员会辖区。”慈善法所称的“城乡社区”主要是指行政区域上的社区，一般为城市居委会或者农村村委会所管辖的区域。社区无论大小，都有居民居住，通常还有若干个社会组织或单位：在农村，设有村委会、村集体经济组织等；在城市，有社区居委会和企业、学校、商店等各种社会组织或单位。需要说明的是，目前在社区有不少因不够法人条件而依据地方规定经备案成立的社区组织，这类组织多是为本社区居民提供服务。例如，《北京市城乡社区社会组织备案工作规则（试行）》第二条规定：“本规则所称的城乡社区社会组织是指以本社区地域为活动范围，以满足城乡社区居民文体活动、公益慈善、志愿服务、社区服务、社区公共事务管理等需求为目的，由社区居民自愿组成，且不具备法人登记条件的社会组织。”

“互助互济”，是指社区居民之间或者单位同事之间对困难家庭或者个人进行帮扶、救济，或者为本社区居民或者本单位职工提供社会化公益服务的活动。互助互济活动的内容很多，主要有劳务互助、经济互助两种形式：劳务互助主要是为解决居民（职工）家务劳动负担重、老弱伤残者生活无人料理以及有其他方面的需要帮助克服的困难，以提供劳务服务为主的互助活动。经济互助，是居民（职工）在经济上互相帮助，或者捐赠财产发展本社区（单位）的集体公益事业。居民（职工）互助互济，以其群众性、互助性、方便性的特点和优势，在我国慈善事业中发挥着特殊的、不可替代的作用。

慈善法把城乡社区组织、单位开展群众性互助互济活动单写一条放在“附则”中规定，主要基于以下几个方面的考虑：一是城乡社区组织、单位开展互助互济活动，是具有中国特色的传统慈善活动。邻里守望相助、同事互相帮扶是中华民族的优良传统。“乡里同井，出入相友，守望相助，疾病相扶持，则百姓亲睦”，这是古代儒家著名代表人物孟子描绘出的一幅邻里相亲的美好图景。几千年来，中华民族传承互助互济传统美德，邻里之间互帮互助、和睦相处。城乡社区、单位是人们日常生活、学习、工作的地方，是社会的基础。慈善法倡导在社区、单位内部开展群众性互助互济活动，有利于促进社会和谐，更是对中华优良传统的继承和发扬。二是社区、单位内部的互助互济活动与其他慈善活动有区别。两者虽然都是为他人做善事，但现代慈善主要是通过慈善组织来运作，根据慈善法第八条规定，慈善组织以面向社会开展慈善活动为宗旨。而社区组织、单位不是慈善组织，慈善法第一百一十条规定的互助互济活动，只在本社区、本单位内部进行。三是在法律适用上，互助互济活动内容丰富、形式多样，简便易行，在日常生活中随处可见，慈善法不需要对此类活动作出系统规定。但开展此类互助互济活动，也应遵守慈善法第四条规定的合法、自愿、诚信、非营利等原则，并参照慈善法其他相关规定进行。

需要指出的是，城乡社区组织、单位为了开展互助互济活动，可以向本社区居民、本单位职工募集款物。根据慈善法规定，不具有公开募捐资格的组织不得向社会公开募捐。城乡社区组织、单位在本社区、单位内部筹集互助互济所需款物，不属于向社会公开募捐，不需要取得公开募捐资格。但开展这种款物筹集活动应参照慈善法有关信息公开的规定，在社区、单位范围内公开相关信息，接受居民或者职工监督。

（2）慈善法关于慈善组织以外的其他组织的规定

慈善法第一百一十一条规定："慈善组织以外的其他组织可以开展力所能及的慈善活动。"现实中存在许多未经依法登记成立而长期或者临时从事慈善活动的公益慈善性组织和其他组织。此条规定为慈善组织以外其他组织开展慈善活动提供了法律依据，同时也为没有登记、以开展慈善公益活动为主的“草根”组织的生存发展提供了空间，体现了慈善立法的开放性和包容性。

正确理解本条含义，需要把握以下几点：一是本条所说的“慈善组织以外的其他组织”，是指慈善组织以外其他所有组织，既包括法人组织，如企业法人、机关法人、事业单位法人等；又包括依法登记的非法人组织，如合伙企业、个人独资企业等；还包括没有登记的组织，如以社区为活动范围，以满足城乡社区公共事务管理、居民文体活动、互助互济、志愿服务等需求为目的组织。二是“慈善组织以外的其他组织”在存续期间，可以根据自身情况开展力所能及的慈善活动。这里所说的“慈善活动”，是指非慈善组织利用自身资源，直接从事慈善法第三条所列举的公益活动，如扶贫济困、扶老助残、促进教育、防止污染等。各类组织由于自身属性、业务、规模、专长等不同，在开展慈善活动时，应根据法律规定和自身情况量力而行。三是“慈善组织以外的其他组织”开展慈善活动，在权利义务方面与慈善组织有所不同。比如，非慈善组织开展慈善活动不能公开募捐、不具有出具公益性捐赠税前扣除票据的资格等，也没有履行慈善组织信息公开的法定义务。如果与受益人等发生纠纷，应当按照民法或者其他法律的相关规定处理。但这些组织开展慈善活动，也要遵守慈善法规定的合法、自愿、诚信、非营利原则，进行捐赠和提供服务时，也要遵守慈善法有关慈善捐赠和慈善服务的规定。同时，在慈善事业发展中做出突出贡献的，同样可以受到政府表彰。

90. 慈善法从什么时候开始施行，法律通过并公布后为什么间隔一段时间才施行？

慈善法第一百一十二条规定："本法自 2016 年 9 月 1 日起施行。"法律的施行日期是就是法律的生效时间。立法法第五十七条规定："法律应当明确规定施行日期"。明确施行日期是法律得到有效实施的必要前提。

我国法律关于施行日期的规定，主要有两种情况：一是规定在法律通过以后的一段时间才施行，即施行的日期晚于通过的日期。立法实践中这种情况较为常见。如 2012 年 12 月 28 日第十一届全国人大常委会第三十次会议修订通过的老年人权益保障法，其施行日期是 2013 年 7 月 1 日。二是规定法律自公布之日起施行。如 2015 年 7 月 1 日第十二届全国人大常委会第十五次会议通过的国家安全法第八十四条规定："本法自公布之日起施行。"

慈善法属于第一种情况，其通过与公布时间是 2016 年 3 月 16 日，施行时间是 2016 年 9 月 1 日，从公布到施行间隔近半年时间，这主要是为本法的顺利实施留出准备时间，做好充分的准备工作。

一是要理顺慈善法与现行相关法律、法规、规章、办法、规定等规范文件的关系，处理好新制度与老办法的过渡与衔接。慈善法与同位阶的合同法、信托法、公益事业捐赠法等法律的关系，应遵循“新法优于旧法”“特别法优于一般法”的原则适用；与行政法规、规章、办法、规定等的关系，应遵循“上位法优于下位法”的原则适用，与慈善法相冲突的，要予以废止或修改。比如，《基金会管理条例》《社会团体登记管理条例》《民办非企业单位登记管理暂行条例》三部行政法规，要根据慈善法的精神抓紧修改。

二是慈善法规定的一些措施制度需要配套规定具体化，有关部门应当抓紧制定有关配套文件。比如，慈善法第二十条规定：“慈善组织的组织形式、登记管理的具体办法由国务院制定。”第五十四条规定，慈善组织为实现财产保值、增值进行投资的具体办法，由国务院民政部门制定。第六十条第一款规定：“慈善组织应当积极开展慈善活动，充分、高效运用慈善财产，并遵循管理费用最必要原则，厉行节约，减少不必要的开支……”第二款规定：“具有公开募捐资格的基金会以外的慈善组织开展慈善活动的年度支出和管理费用的标准，由国务院民政部门会同国务院财政、税务等部门依照前款规定的原则制定。”

当然，一部法律并不是要等所有配套规定出台后才能施行，通常情况是法律施行前先出台必不可少的，其他配套办法可在法律施行后陆续出台。比如，慈善法第二十三条第三款规定：“慈善组织通过互联网开展公开募捐的，应当在国务院民政部门统一或者指定的慈善信息平台发布募捐信息，并可以同时在其网站发布募捐信息。”这一条中的“统一或者指定的慈善信息平台”，需要国务院民政部门在2016年9月1日前明确。再比如，慈善法第六十九条第二款规定：“县级以上人民政府民政部门应当在统一的信息平台，及时向社会公开慈善信息，并免费提供慈善信息发布服务。”第三款规定：“慈善组织和慈善信托的受托人应当在前款规定的平台发布慈善信息，并对信息的真实性负责。”这一条中的“信息平台”，需要县级以上人民政府民政部门在2016年9月1日前建立或者明确。

三是要做好慈善法的宣传普及工作。慈善法是慈善制度建设的综合性、基础性法律，涉及面宽，与自然人、法人和其他组织都有关系。有关部门和社会各有关方面应当采取灵活多样、行之有效的方式，做好慈善法的学习、宣传、普及工作，努力做到家喻户晓、深入人心，为法律的实施创造良好条件。

另外，法律的时间效力问题，还涉及法律对其实施前的行为有无溯及力的问题。法律的溯及力，即溯及既往的效力，是指法律施行后对生效前的行为是否适用的效力，如果适用，就表明具有溯及力；如果不能适用，则说明没有溯及力，也就是所谓的“法不溯及既往”。我国的法律，除明确规定可溯及既往的情况之外，一般没有溯及力。慈善法对溯及力问题未作规定，可以认为本法没有溯及力，对于本法施行以前的行为，不适用本法的规定。

附　录

中华人民共和国慈善法

（2016 年 3 月 16 日第十二届全国人民代表大会第四次会议通过　2016 年 3 月 16 日中华人民共和国主席令第 43 号公布　自 2016 年 9 月 1 日起施行）

第一章　总　　则

第一条　为了发展慈善事业，弘扬慈善文化，规范慈善活动，保护慈善组织、捐赠人、志愿者、受益人等慈善活动参与者的合法权益，促进社会进步，共享发展成果，制定本法。

第二条　自然人、法人和其他组织开展慈善活动以及与慈善有关的活动，适用本法。其他法律有特别规定的，依照其规定。

第三条　本法所称慈善活动，是指自然人、法人和其他组织以捐赠财产或者提供服务等方式，自愿开展的下列公益活动：

（一）扶贫、济困；

（二）扶老、救孤、恤病、助残、优抚；

（三）救助自然灾害、事故灾难和公共卫生事件等突发事件造成的损害；

（四）促进教育、科学、文化、卫生、体育等事业的发展；

（五）防治污染和其他公害，保护和改善生态环境；

（六）符合本法规定的其他公益活动。

第四条　开展慈善活动，应当遵循合法、自愿、诚信、非营利的原则，不得违背社会公德，不得危害国家安全、损害社会公共利益和他人合法权益。

第五条　国家鼓励和支持自然人、法人和其他组织践行社会主义核心价值观，弘扬中华民族传统美德，依法开展慈善活动。

第六条　国务院民政部门主管全国慈善工作，县级以上地方各级人民政府民政部门主管本行政区域内的慈善工作；县级以上人民政府有关部门依照本法和其他有关法律法规，在各自的职责范围内做好相关工作。

第七条　每年9月5日为“中华慈善日”。

第二章　慈善组织

第八条　本法所称慈善组织，是指依法成立、符合本法规定，以面向社会开展慈善活动为宗旨的非营利性组织。

慈善组织可以采取基金会、社会团体、社会服务机构等组织形式。

第九条　慈善组织应当符合下列条件：

（一）以开展慈善活动为宗旨；

（二）不以营利为目的；

（三）有自己的名称和住所；

（四）有组织章程；

（五）有必要的财产；

（六）有符合条件的组织机构和负责人；

（七）法律、行政法规规定的其他条件。

第十条 设立慈善组织，应当向县级以上人民政府民政部门申请登记，民政部门应当自受理申请之日起三十日内作出决定。符合本法规定条件的，准予登记并向社会公告；不符合本法规定条件的，不予登记并书面说明理由。

本法公布前已经设立的基金会、社会团体、社会服务机构等非营利性组织，可以向其登记的民政部门申请认定为慈善组织，民政部门应当自受理申请之日起二十日内作出决定。符合慈善组织条件的，予以认定并向社会公告；不符合慈善组织条件的，不予认定并书面说明理由。

有特殊情况需要延长登记或者认定期限的，报经国务院民政部门批准，可以适当延长，但延长的期限不得超过六十日。

第十一条 慈善组织的章程，应当符合法律法规的规定，并载明下列事项：

（一）名称和住所；

（二）组织形式；

（三）宗旨和活动范围；

（四）财产来源及构成；

（五）决策、执行机构的组成及职责；

（六）内部监督机制；

（七）财产管理使用制度；

（八）项目管理制度；

（九）终止情形及终止后的清算办法；

（十）其他重要事项。

第十二条 慈善组织应当根据法律法规以及章程的规定，建立健全内部治理结构，明确决策、执行、监督等方面的职责权限，开展慈善活动。

慈善组织应当执行国家统一的会计制度，依法进行会计核算，建立健全会计监督制度，并接受政府有关部门的监督管理。

第十三条　慈善组织应当每年向其登记的民政部门报送年度工作报告和财务会计报告。报告应当包括年度开展募捐和接受捐赠情况、慈善财产的管理使用情况、慈善项目实施情况以及慈善组织工作人员的工资福利情况。

第十四条　慈善组织的发起人、主要捐赠人以及管理人员，不得利用其关联关系损害慈善组织、受益人的利益和社会公共利益。

慈善组织的发起人、主要捐赠人以及管理人员与慈善组织发生交易行为的，不得参与慈善组织有关该交易行为的决策，有关交易情况应当向社会公开。

第十五条　慈善组织不得从事、资助危害国家安全和社会公共利益的活动，不得接受附加违反法律法规和违背社会公德条件的捐赠，不得对受益人附加违反法律法规和违背社会公德的条件。

第十六条　有下列情形之一的，不得担任慈善组织的负责人：

（一）无民事行为能力或者限制民事行为能力的；

（二）因故意犯罪被判处刑罚，自刑罚执行完毕之日起未逾五年的；

（三）在被吊销登记证书或者被取缔的组织担任负责人，自该组织被吊销登记证书或者被取缔之日起未逾五年的；

（四）法律、行政法规规定的其他情形。

第十七条　慈善组织有下列情形之一的，应当终止：

（一）出现章程规定的终止情形的；

（二）因分立、合并需要终止的；

（三）连续二年未从事慈善活动的；

（四）依法被撤销登记或者吊销登记证书的；

（五）法律、行政法规规定应当终止的其他情形。

第十八条 慈善组织终止，应当进行清算。

慈善组织的决策机构应当在本法第十七条规定的终止情形出现之日起三十日内成立清算组进行清算，并向社会公告。不成立清算组或者清算组不履行职责的，民政部门可以申请人民法院指定有关人员组成清算组进行清算。

慈善组织清算后的剩余财产，应当按照慈善组织章程的规定转给宗旨相同或者相近的慈善组织；章程未规定的，由民政部门主持转给宗旨相同或者相近的慈善组织，并向社会公告。

慈善组织清算结束后，应当向其登记的民政部门办理注销登记，并由民政部门向社会公告。

第十九条 慈善组织依法成立行业组织。

慈善行业组织应当反映行业诉求，推动行业交流，提高慈善行业公信力，促进慈善事业发展。

第二十条 慈善组织的组织形式、登记管理的具体办法由国务院制定。

第三章 慈善募捐

第二十一条 本法所称慈善募捐，是指慈善组织基于慈善宗旨募集财产的活动。

慈善募捐，包括面向社会公众的公开募捐和面向特定对象的定向募捐。

第二十二条　慈善组织开展公开募捐，应当取得公开募捐资格。依法登记满二年的慈善组织，可以向其登记的民政部门申请公开募捐资格。民政部门应当自受理申请之日起二十日内作出决定。慈善组织符合内部治理结构健全、运作规范的条件的，发给公开募捐资格证书；不符合条件的，不发给公开募捐资格证书并书面说明理由。

法律、行政法规规定自登记之日起可以公开募捐的基金会和社会团体，由民政部门直接发给公开募捐资格证书。

第二十三条　开展公开募捐，可以采取下列方式：

（一）在公共场所设置募捐箱；

（二）举办面向社会公众的义演、义赛、义卖、义展、义拍、慈善晚会等；

（三）通过广播、电视、报刊、互联网等媒体发布募捐信息；

（四）其他公开募捐方式。

慈善组织采取前款第一项、第二项规定的方式开展公开募捐的，应当在其登记的民政部门管辖区域内进行，确有必要在其登记的民政部门管辖区域外进行的，应当报其开展募捐活动所在地的县级以上人民政府民政部门备案。捐赠人的捐赠行为不受地域限制。

慈善组织通过互联网开展公开募捐的，应当在国务院民政部门统一或者指定的慈善信息平台发布募捐信息，并可以同时在其网站发布募捐信息。

第二十四条　开展公开募捐，应当制定募捐方案。募捐方案包括募捐目的、起止时间和地域、活动负责人姓名和办公地址、接受捐赠方式、银行账户、受益人、募得款物用途、募捐成本、剩余财产的处理等。

募捐方案应当在开展募捐活动前报慈善组织登记的民政部门备案。

第二十五条 开展公开募捐，应当在募捐活动现场或者募捐活动载体的显著位置，公布募捐组织名称、公开募捐资格证书、募捐方案、联系方式、募捐信息查询方法等。

第二十六条 不具有公开募捐资格的组织或者个人基于慈善目的，可以与具有公开募捐资格的慈善组织合作，由该慈善组织开展公开募捐并管理募得款物。

第二十七条 广播、电视、报刊以及网络服务提供者、电信运营商，应当对利用其平台开展公开募捐的慈善组织的登记证书、公开募捐资格证书进行验证。

第二十八条 慈善组织自登记之日起可以开展定向募捐。

慈善组织开展定向募捐，应当在发起人、理事会成员和会员等特定对象的范围内进行，并向募捐对象说明募捐目的、募得款物用途等事项。

第二十九条 开展定向募捐，不得采取或者变相采取本法第二十三条规定的方式。

第三十条 发生重大自然灾害、事故灾难和公共卫生事件等突发事件，需要迅速开展救助时，有关人民政府应当建立协调机制，提供需求信息，及时有序引导开展募捐和救助活动。

第三十一条 开展募捐活动，应当尊重和维护募捐对象的合法权益，保障募捐对象的知情权，不得通过虚构事实等方式欺骗、诱导募捐对象实施捐赠。

第三十二条 开展募捐活动，不得摊派或者变相摊派，不得妨碍公共秩序、企业生产经营和居民生活。

第三十三条 禁止任何组织或者个人假借慈善名义或者假冒慈善组织开展募捐活动，骗取财产。

第四章 慈善捐赠

第三十四条 本法所称慈善捐赠，是指自然人、法人和其他组织基于慈善目的，自愿、无偿赠与财产的活动。

第三十五条 捐赠人可以通过慈善组织捐赠，也可以直接向受益人捐赠。

第三十六条 捐赠人捐赠的财产应当是其有权处分的合法财产。捐赠财产包括货币、实物、房屋、有价证券、股权、知识产权等有形和无形财产。

捐赠人捐赠的实物应当具有使用价值，符合安全、卫生、环保等标准。

捐赠人捐赠本企业产品的，应当依法承担产品质量责任和义务。

第三十七条 自然人、法人和其他组织开展演出、比赛、销售、拍卖等经营性活动，承诺将全部或者部分所得用于慈善目的的，应当在举办活动前与慈善组织或者其他接受捐赠的人签订捐赠协议，活动结束后按照捐赠协议履行捐赠义务，并将捐赠情况向社会公开。

第三十八条 慈善组织接受捐赠，应当向捐赠人开具由财政部门统一监（印）制的捐赠票据。捐赠票据应当载明捐赠人、捐赠财产的种类及数量、慈善组织名称和经办人姓名、票据日期等。捐赠人匿名或者放弃接受捐赠票据的，慈善组织应当做好相关记录。

第三十九条 慈善组织接受捐赠，捐赠人要求签订书面捐赠协议的，慈善组织应当与捐赠人签订书面捐赠协议。

书面捐赠协议包括捐赠人和慈善组织名称，捐赠财产的种类、数量、质量、用途、交付时间等内容。

第四十条 捐赠人与慈善组织约定捐赠财产的用途和受益人时，不得指定捐赠人的利害关系人作为受益人。

任何组织和个人不得利用慈善捐赠违反法律规定宣传烟草制品，不得利用慈善捐赠以任何方式宣传法律禁止宣传的产品和事项。

第四十一条 捐赠人应当按照捐赠协议履行捐赠义务。捐赠人违反捐赠协议逾期未交付捐赠财产，有下列情形之一的，慈善组织或者其他接受捐赠的人可以要求交付；捐赠人拒不交付的，慈善组织和其他接受捐赠的人可以依法向人民法院申请支付令或者提起诉讼：

（一）捐赠人通过广播、电视、报刊、互联网等媒体公开承诺捐赠的；

（二）捐赠财产用于本法第三条第一项至第三项规定的慈善活动，并签订书面捐赠协议的。

捐赠人公开承诺捐赠或者签订书面捐赠协议后经济状况显著恶化，严重影响其生产经营或者家庭生活的，经向公开承诺捐赠地或者书面捐赠协议签订地的民政部门报告并向社会公开说明情况后，可以不再履行捐赠义务。

第四十二条　捐赠人有权查询、复制其捐赠财产管理使用的有关资料，慈善组织应当及时主动向捐赠人反馈有关情况。

慈善组织违反捐赠协议约定的用途，滥用捐赠财产的，捐赠人有权要求其改正；拒不改正的，捐赠人可以向民政部门投诉、举报或者向人民法院提起诉讼。

第四十三条　国有企业实施慈善捐赠应当遵守有关国有资产管理的规定，履行批准和备案程序。

第五章　慈善信托

第四十四条　本法所称慈善信托属于公益信托，是指委托人基于慈善目的，依法将其财产委托给受托人，由受托人按照委托人意愿以受托人名义进行管理和处分，开展慈善活动的行为。

第四十五条　设立慈善信托、确定受托人和监察人，应当采取书面形式。受托人应当在慈善信托文件签订之日起七日内，将相关文件向受托人所在地县级以上人民政府民政部门备案。

未按照前款规定将相关文件报民政部门备案的，不享受税收优惠。

第四十六条　慈善信托的受托人，可以由委托人确定其信赖的慈善组织或者信托公司担任。

第四十七条　慈善信托的受托人违反信托义务或者难以履行职责的，委托人可以变更受托人。变更后的受托人应当自变更之日起七日内，将变更情况报原备案的民政部门重新备案。

第四十八条　慈善信托的受托人管理和处分信托财产，应当按照信托目的，恪尽职守，履行诚信、谨慎管理的义务。

慈善信托的受托人应当根据信托文件和委托人的要求，及时向委托人报告信托事务处理情况、信托财产管理使用情况。慈善信托的受托人应当每年至少一次将信托事务处理情况及财务状况向其备案的民政部门报告，并向社会公开。

第四十九条 慈善信托的委托人根据需要，可以确定信托监察人。

信托监察人对受托人的行为进行监督，依法维护委托人和受益人的权益。信托监察人发现受托人违反信托义务或者难以履行职责的，应当向委托人报告，并有权以自己的名义向人民法院提起诉讼。

第五十条 慈善信托的设立、信托财产的管理、信托当事人、信托的终止和清算等事项，本章未规定的，适用本法其他有关规定；本法未规定的，适用《中华人民共和国信托法》的有关规定。

第六章 慈善财产

第五十一条 慈善组织的财产包括：

（一）发起人捐赠、资助的创始财产；

（二）募集的财产；

（三）其他合法财产。

第五十二条 慈善组织的财产应当根据章程和捐赠协议的规定全部用于慈善目的，不得在发起人、捐赠人以及慈善组织成员中分配。

任何组织和个人不得私分、挪用、截留或者侵占慈善财产。

第五十三条 慈善组织对募集的财产，应当登记造册，严格管理，专款专用。

捐赠人捐赠的实物不易储存、运输或者难以直接用于慈善目的的，慈善组织可以依法拍卖或者变卖，所得收入扣除必要费用后，应当全部用于慈善目的。

第五十四条 慈善组织为实现财产保值、增值进行投资的，应当遵循合法、安全、有效的原则，投资取得的收益应当全部用于慈善目的。慈善组织的重大投资方案应当经决策机构组成人员三分之二以上同意。政府资助的财产和捐赠协议约定不得投资的财产，不得用于投资。慈善组织的负责人和工作人员不得在慈善组织投资的企业兼职或者领取报酬。

前款规定事项的具体办法，由国务院民政部门制定。

第五十五条 慈善组织开展慈善活动，应当依照法律法规和章程的规定，按照募捐方案或者捐赠协议使用捐赠财产。慈善组织确需变更募捐方案规定的捐赠财产用途的，应当报民政部门备案；确需变更捐赠协议约定的捐赠财产用途的，应当征得捐赠人同意。

第五十六条 慈善组织应当合理设计慈善项目，优化实施流程，降低运行成本，提高慈善财产使用效益。

慈善组织应当建立项目管理制度，对项目实施情况进行跟踪监督。

第五十七条 慈善项目终止后捐赠财产有剩余的，按照募捐方案或者捐赠协议处理；募捐方案未规定或者捐赠协议未约定的，慈善组织应当将剩余财产用于目的相同或者相近的其他慈善项目，并向社会公开。

第五十八条 慈善组织确定慈善受益人，应当坚持公开、公平、公正的原则，不得指定慈善组织管理人员的利害关系人作为受益人。

第五十九条 慈善组织根据需要可以与受益人签订协议，明确双方权利义务，约定慈善财产的用途、数额和使用方式等内容。

受益人应当珍惜慈善资助，按照协议使用慈善财产。受益人未按照协议使用慈善财产或者有其他严重违反协议情形的，慈善组织有权要求其改正；受益人拒不改正的，慈善组织有权解除协议并要求受益人返还财产。

第六十条 慈善组织应当积极开展慈善活动，充分、高效运用慈善财产，并遵循管理费用最必要原则，厉行节约，减少不必要的开支。慈善组织中具有公开募捐资格的基金会开展慈善活动的年度支出，不得低于上一年总收入的百分之七十或者前三年收入平均数额的百分之七十；年度管理费用不得超过当年总支出的百分之十，特殊情况下，年度管理费用难以符合前述规定的，应当报告其登记的民政部门并向社会公开说明情况。

具有公开募捐资格的基金会以外的慈善组织开展慈善活动的年度支出和管理费用的标准，由国务院民政部门会同国务院财政、税务等部门依照前款规定的原则制定。

捐赠协议对单项捐赠财产的慈善活动支出和管理费用有约定的，按照其约定。

第七章 慈善服务

第六十一条 本法所称慈善服务，是指慈善组织和其他组织以及个人基于慈善目的，向社会或者他人提供的志愿无偿服务以及其他非营利服务。

慈善组织开展慈善服务，可以自己提供或者招募志愿者提供，也可以委托有服务专长的其他组织提供。

第六十二条 开展慈善服务，应当尊重受益人、志愿者的人格尊严，不得侵害受益人、志愿者的隐私。

第六十三条 开展医疗康复、教育培训等慈善服务，需要专门技能的，应当执行国家或者行业组织制定的标准和规程。

慈善组织招募志愿者参与慈善服务，需要专门技能的，应当对志愿者开展相关培训。

第六十四条 慈善组织招募志愿者参与慈善服务，应当公示与慈善服务有关的全部信息，告知服务过程中可能发生的风险。

慈善组织根据需要可以与志愿者签订协议，明确双方权利义务，约定服务的内容、方式和时间等。

第六十五条 慈善组织应当对志愿者实名登记，记录志愿者的服务时间、内容、评价等信息。根据志愿者的要求，慈善组织应当无偿、如实出具志愿服务记录证明。

第六十六条 慈善组织安排志愿者参与慈善服务，应当与志愿者的年龄、文化程度、技能和身体状况相适应。

第六十七条 志愿者接受慈善组织安排参与慈善服务的，应当服从管理，接受必要的培训。

第六十八条 慈善组织应当为志愿者参与慈善服务提供必要条件，保障志愿者的合法权益。

慈善组织安排志愿者参与可能发生人身危险的慈善服务前，应当为志愿者购买相应的人身意外伤害保险。

第八章 信息公开

第六十九条 县级以上人民政府建立健全慈善信息统计和发布制度。

县级以上人民政府民政部门应当在统一的信息平台，及时向社会公开慈善信息，并免费提供慈善信息发布服务。

慈善组织和慈善信托的受托人应当在前款规定的平台发布慈善信息，并对信息的真实性负责。

第七十条 县级以上人民政府民政部门和其他有关部门应当及时向社会公开下列慈善信息：

（一）慈善组织登记事项；

（二）慈善信托备案事项；

（三）具有公开募捐资格的慈善组织名单；

（四）具有出具公益性捐赠税前扣除票据资格的慈善组织名单；

（五）对慈善活动的税收优惠、资助补贴等促进措施；

（六）向慈善组织购买服务的信息；

（七）对慈善组织、慈善信托开展检查、评估的结果；

（八）对慈善组织和其他组织以及个人的表彰、处罚结果；

（九）法律法规规定应当公开的其他信息。

第七十一条 慈善组织、慈善信托的受托人应当依法履行信息公开义务。信息公开应当真实、完整、及时。

第七十二条 慈善组织应当向社会公开组织章程和决策、执行、监督机构成员信息以及国务院民政部门要求公开的其他信息。

上述信息有重大变更的，慈善组织应当及时向社会公开。

慈善组织应当每年向社会公开其年度工作报告和财务会计报告。具有公开募捐资格的慈善组织的财务会计报告须经审计。

第七十三条 具有公开募捐资格的慈善组织应当定期向社会公开其募捐情况和慈善项目实施情况。

公开募捐周期超过六个月的，至少每三个月公开一次募捐情况，公开募捐活动结束后三个月内应当全面公开募捐情况。

慈善项目实施周期超过六个月的，至少每三个月公开一次项目实施情况，项目结束后三个月内应当全面公开项目实施情况和募得款物使用情况。

第七十四条 慈善组织开展定向募捐的，应当及时向捐赠人告知募捐情况、募得款物的管理使用情况。

第七十五条 慈善组织、慈善信托的受托人应当向受益人告知其资助标准、工作流程和工作规范等信息。

第七十六条 涉及国家秘密、商业秘密、个人隐私的信息以及捐赠人、慈善信托的委托人不同意公开的姓名、名称、住所、通讯方式等信息，不得公开。

第九章 促进措施

第七十七条 县级以上人民政府应当根据经济社会发展情况，制定促进慈善事业发展的政策和措施。

县级以上人民政府有关部门应当在各自职责范围内，向慈善组织、慈善信托受托人等提供慈善需求信息，为慈善活动提供指导和帮助。

第七十八条 县级以上人民政府民政部门应当建立与其他部门之间的慈善信息共享机制。

第七十九条 慈善组织及其取得的收入依法享受税收优惠。

第八十条 自然人、法人和其他组织捐赠财产用于慈善活动的，依法享受税收优惠。企业慈善捐赠支出超过法律规定的准予在计算企业所得税应纳税所得额时当年扣除的部分，允许结转以后三年内在计算应纳税所得额时扣除。

境外捐赠用于慈善活动的物资，依法减征或者免征进口关税和进口环节增值税。

第八十一条 受益人接受慈善捐赠，依法享受税收优惠。

第八十二条 慈善组织、捐赠人、受益人依法享受税收优惠的，有关部门应当及时办理相关手续。

第八十三条 捐赠人向慈善组织捐赠实物、有价证券、股权和知识产权的，依法免征权利转让的相关行政事业性费用。

第八十四条 国家对开展扶贫济困的慈善活动，实行特殊的优惠政策。

第八十五条 慈善组织开展本法第三条第一项、第二项规定的慈善活动需要慈善服务设施用地的，可以依法申请使用国有划拨土地或者农村集体建设用地。慈善服务设施用地非经法定程序不得改变用途。

第八十六条 国家为慈善事业提供金融政策支持，鼓励金融机构为慈善组织、慈善信托提供融资和结算等金融服务。

第八十七条 各级人民政府及其有关部门可以依法通过购买服务等方式，支持符合条件的慈善组织向社会提供服务，并依照有关政府采购的法律法规向社会公开相关情况。

第八十八条　国家采取措施弘扬慈善文化，培育公民慈善意识。

学校等教育机构应当将慈善文化纳入教育教学内容。国家鼓励高等学校培养慈善专业人才，支持高等学校和科研机构开展慈善理论研究。

广播、电视、报刊、互联网等媒体应当积极开展慈善公益宣传活动，普及慈善知识，传播慈善文化。

第八十九条　国家鼓励企业事业单位和其他组织为开展慈善活动提供场所和其他便利条件。

第九十条　经受益人同意，捐赠人对其捐赠的慈善项目可以冠名纪念，法律法规规定需要批准的，从其规定。

第九十一条　国家建立慈善表彰制度，对在慈善事业发展中做出突出贡献的自然人、法人和其他组织，由县级以上人民政府或者有关部门予以表彰。

第十章　监督管理

第九十二条　县级以上人民政府民政部门应当依法履行职责，对慈善活动进行监督检查，对慈善行业组织进行指导。

第九十三条　县级以上人民政府民政部门对涉嫌违反本法规定的慈善组织，有权采取下列措施：

（一）对慈善组织的住所和慈善活动发生地进行现场检查；

（二）要求慈善组织作出说明，查阅、复制有关资料；

（三）向与慈善活动有关的单位和个人调查与监督管理有关的情况；

（四）经本级人民政府批准，可以查询慈善组织的金融账户；

（五）法律、行政法规规定的其他措施。

第九十四条 县级以上人民政府民政部门对慈善组织、有关单位和个人进行检查或者调查时，检查人员或者调查人员不得少于二人，并应当出示合法证件和检查、调查通知书。

第九十五条 县级以上人民政府民政部门应当建立慈善组织及其负责人信用记录制度，并向社会公布。

民政部门应当建立慈善组织评估制度，鼓励和支持第三方机构对慈善组织进行评估，并向社会公布评估结果。

第九十六条 慈善行业组织应当建立健全行业规范，加强行业自律。

第九十七条 任何单位和个人发现慈善组织、慈善信托有违法行为的，可以向民政部门、其他有关部门或者慈善行业组织投诉、举报。民政部门、其他有关部门或者慈善行业组织接到投诉、举报后，应当及时调查处理。

国家鼓励公众、媒体对慈善活动进行监督，对假借慈善名义或者假冒慈善组织骗取财产以及慈善组织、慈善信托的违法违规行为予以曝光，发挥舆论和社会监督作用。

第十一章　法律责任

第九十八条 慈善组织有下列情形之一的，由民政部门责令限期改正；逾期不改正的，吊销登记证书并予以公告：

（一）未按照慈善宗旨开展活动的；

（二）私分、挪用、截留或者侵占慈善财产的；

（三）接受附加违反法律法规或者违背社会公德条件的捐赠，或者对受益人附加违反法律法规或者违背社会公德的条件的。

第九十九条　慈善组织有下列情形之一的，由民政部门予以警告、责令限期改正；逾期不改正的，责令限期停止活动并进行整改：

（一）违反本法第十四条规定造成慈善财产损失的；

（二）将不得用于投资的财产用于投资的；

（三）擅自改变捐赠财产用途的；

（四）开展慈善活动的年度支出或者管理费用的标准违反本法第六十条规定的；

（五）未依法履行信息公开义务的；

（六）未依法报送年度工作报告、财务会计报告或者报备募捐方案的；

（七）泄露捐赠人、志愿者、受益人个人隐私以及捐赠人、慈善信托的委托人不同意公开的姓名、名称、住所、通讯方式等信息的。

慈善组织违反本法规定泄露国家秘密、商业秘密的，依照有关法律的规定予以处罚。

慈善组织有前两款规定的情形，经依法处理后一年内再出现前款规定的情形，或者有其他情节严重情形的，由民政部门吊销登记证书并予以公告。

第一百条　慈善组织有本法第九十八条、第九十九条规定的情形，有违法所得的，由民政部门予以没收；对直接负责的主管人员和其他直接责任人员处二万元以上二十万元以下罚款。

第一百零一条　开展募捐活动有下列情形之一的，由民政部门予以警告、责令停止募捐活动；对违法募集的财产，责令退还捐赠人；难以退还的，由民政部门予以收缴，转给其他慈善组织用于慈善目的；对有关组织或者个人处二万元以上二十万元以下罚款：

（一）不具有公开募捐资格的组织或者个人开展公开募捐的；

（二）通过虚构事实等方式欺骗、诱导募捐对象实施捐赠的；

（三）向单位或者个人摊派或者变相摊派的；

（四）妨碍公共秩序、企业生产经营或者居民生活的。

广播、电视、报刊以及网络服务提供者、电信运营商未履行本法第二十七条规定的验证义务的，由其主管部门予以警告，责令限期改正；逾期不改正的，予以通报批评。

第一百零二条 慈善组织不依法向捐赠人开具捐赠票据、不依法向志愿者出具志愿服务记录证明或者不及时主动向捐赠人反馈有关情况的，由民政部门予以警告，责令限期改正；逾期不改正的，责令限期停止活动。

第一百零三条 慈善组织弄虚作假骗取税收优惠的，由税务机关依法查处；情节严重的，由民政部门吊销登记证书并予以公告。

第一百零四条 慈善组织从事、资助危害国家安全或者社会公共利益活动的，由有关机关依法查处，由民政部门吊销登记证书并予以公告。

第一百零五条 慈善信托的受托人有下列情形之一的，由民政部门予以警告，责令限期改正；有违法所得的，由民政部门予以没收；对直接负责的主管人员和其他直接责任人员处二万元以上二十万元以下罚款：

（一）将信托财产及其收益用于非慈善目的的；

（二）未按照规定将信托事务处理情况及财务状况向民政部门报告或者向社会公开的。

第一百零六条　慈善服务过程中，因慈善组织或者志愿者过错造成受益人、第三人损害的，慈善组织依法承担赔偿责任；损害是由志愿者故意或者重大过失造成的，慈善组织可以向其追偿。

志愿者在参与慈善服务过程中，因慈善组织过错受到损害的，慈善组织依法承担赔偿责任；损害是由不可抗力造成的，慈善组织应当给予适当补偿。

第一百零七条　自然人、法人或者其他组织假借慈善名义或者假冒慈善组织骗取财产的，由公安机关依法查处。

第一百零八条　县级以上人民政府民政部门和其他有关部门及其工作人员有下列情形之一的，由上级机关或者监察机关责令改正；依法应当给予处分的，由任免机关或者监察机关对直接负责的主管人员和其他直接责任人员给予处分：

（一）未依法履行信息公开义务的；

（二）摊派或者变相摊派捐赠任务，强行指定志愿者、慈善组织提供服务的；

（三）未依法履行监督管理职责的；

（四）违法实施行政强制措施和行政处罚的；

（五）私分、挪用、截留或者侵占慈善财产的；

（六）其他滥用职权、玩忽职守、徇私舞弊的行为。

第一百零九条　违反本法规定，构成违反治安管理行为的，由公安机关依法给予治安管理处罚；构成犯罪的，依法追究刑事责任。

第十二章 附 则

第一百一十条 城乡社区组织、单位可以在本社区、单位内部开展群众性互助互济活动。

第一百一十一条 慈善组织以外的其他组织可以开展力所能及的慈善活动。

第一百一十二条 本法自2016年9月1日起施行。

关于《中华人民共和国慈善法（草案）》的说明

——2016年3月9日在第十二届全国人民代表大会第四次会议上

全国人民代表大会常务委员会副委员长　李建国

各位代表：

我受全国人大常委会委托，现对《中华人民共和国慈善法（草案）》作说明。

一、制定慈善法的必要性

慈善法是社会领域的重要法律，是慈善制度建设的基础性、综合性法律。制定慈善法具有重要的现实意义。

第一，制定慈善法，是发展慈善事业、规范慈善活动的客观需要。改革开放以来特别是近20年来，我国慈善事业发展较快，社会捐赠额从2006年的不足100亿元发展到目前的1000亿元左右。随着慈善事业快速发展，慈善领域也出现了一些新情况、新问题：慈善组织内部治理尚不健全、运作不尽规范，行业自律机制尚未形成，全社会慈善氛围还不够浓厚，有关方面还需要加大支持、促进的力度，等等。这些问题都需要通过制定慈善法加以引导和规范，从而促进慈善事业健康发展。

第二，制定慈善法，是加强社会领域立法、全面推进依法治国的重要举措。党的十八届四中、五中全会明确提出，要全面推进依法治国，加快重点领域立法，形成完备的法律规范体系。经过各方面多年不懈努力，我国相继制定了公益事业捐赠法、红十字会法等一些涉及慈善活动的法律，国务院制定了相应的行政法规，一些地方出台了有关的地方性法规。但总的来讲，现行慈善法律制度建设还相对滞后，缺乏整体性和系统性，与慈善事业蓬勃发展的新形势不相适应。2008 年以来，共有全国人大代表 800 多人次提出制定慈善法的议案 27 件、建议 29 件，反映了社会各方面的热切期盼。制定慈善法，加快补齐社会领域立法这块短板，是完善中国特色社会主义法律体系的重要内容，是全面依法治国、促进国家治理体系和治理能力现代化的必然要求。

第三，制定慈善法，是打赢脱贫攻坚战、全面建成小康社会的实际措施。党的十八届五中全会和中央扶贫开发工作会议把农村贫困人口脱贫作为全面建成小康社会的基本标志，强调要广泛动员全社会力量，努力形成大扶贫格局。慈善事业是脱贫攻坚不可或缺的重要力量。制定慈善法，鼓励支持自然人、法人和其他组织开展以扶贫济困为重点的慈善活动，有利于广泛汇聚社会帮扶资源，与精准扶贫、精准脱贫有效对接，为打赢脱贫攻坚战、实现全面建成小康社会的宏伟目标作出贡献。

第四，制定慈善法，是弘扬中华民族传统美德、培育和践行社会主义核心价值观的内在要求。在中国特色社会主义建设中，发展慈善事业，全社会支持慈善、参与慈善，是对中华民族优秀美德的传承，是对社会主义核心价值观的弘扬。制定慈善法，在全社会提倡、支持和鼓励助人为乐、团结友爱、无私奉献的友善精神，有助于社会成员在义行善举中不断累积道德力量，将社会主义核心价值观内化于心、外化于行，为实现中华民族伟大复兴的中国梦提供持久精神力量。

全国人民代表大会及其常务委员会行使国家立法权。全国人大代表是最高国家权力机关的组成人员，来自人民，最直接地了解人民群众的呼声和意愿。由全国人民代表大会审议慈善法草案，有利于推进科学立法、民主立法，广泛集中民智、凝聚共识，将中国共产党关于发展慈善事业的重要主张和人民的意愿上升为国家意志，在全社会形成有利于慈善事业发展的良好氛围，为慈善法的贯彻实施奠定更加坚实的基础。

二、制定慈善法的指导思想和工作过程

制定慈善法的指导思想是，高举中国特色社会主义伟大旗帜，全面贯彻党的十八大和十八届三中、四中、五中全会精神，以马克思列宁主义、毛泽东思想、邓小平理论、“三个代表”重要思想、科学发展观为指导，深入贯彻习近平总书记系列重要讲话精神，坚持发展成果共享，立足中国国情和实际，创新慈善事业制度，发挥慈善立法的引领和推动作用，广泛动员社会力量开展社会救济和社会互助、志愿服务活动，激发全社会崇德向善力量，为推动中国特色慈善事业健康发展提供有力法治保障。

在制定慈善法中，注意把握以下几点：

*一是认真落实党中央部署要求，突出慈善扶贫济困作用。*党的十八大以来，党中央对鼓励和支持慈善事业发展，发挥慈善事业在扶贫济困中的积极作用提出了明确要求。按照党中央的要求，慈善法草案突出鼓励和支持扶贫济困的慈善活动，目的是要通过立法将更多的慈善资源引导、汇聚到扶贫济困这一重点领域，与

社会救助工作紧密衔接，合力助推脱贫攻坚，同时也向社会昭示党和国家缩小收入差距的不懈努力。

二是着力加强制度顶层设计，创新慈善事业体制机制。制定慈善法，要认真贯彻习近平总书记在中央扶贫开发工作会议上提出的创新我国慈善事业制度的重要精神，在现有慈善事业有关规定的基础上，着力构建慈善领域基本制度，健全慈善事业体制机制，为慈善事业的发展创造良好的法治环境。

三是立足我国国情和实际，坚持在发展中规范、在规范中发展。制定慈善法，必须立足我国基本国情，从实际出发，同时注意借鉴国外慈善立法有益经验，坚持发展中国特色慈善事业。坚持在发展中规范，规范的目的是为了净化慈善环境，更好地发展慈善事业。

经党中央批准，制定慈善法先后列入十一届、十二届全国人大常委会立法规划，并列入全国人大常委会 2015 年立法工作计划。2015 年 10 月，全国人大内务司法委员会将慈善法草案提请十二届全国人大常委会第十七次会议审议。经全国人大法律委员会审议修改后，2015 年 12 月全国人大常委会第十八次会议对慈善法草案进行了再次审议，并决定将草案提请第十二届全国人民代表大会第四次会议审议。依照立法法和全国人民代表大会议事规则的规定，全国人大常委会办公厅于 2016 年 1 月 11 日将修改后的慈善法草案印送各位全国人大代表征求意见，同时通过中国人大网再次向社会公开征求意见。在此期间，全国人大法律委员会、常委会法制工作委员会根据人大代表反馈的意见和政协委员、社会各界的意见，继续对草案进行修改完善。

党中央高度重视慈善法的制定。2016 年 2 月 18 日，习近平总书记主持召开中央政治局常委会会议，听取了全国人大常委会党组的汇报，原则同意《关于〈中华人民共和国慈善法（草案）〉几个主要问题的请示》，并就进一步修改完善作出重要指示。根据党中央指示精神，对草案作了进一步修改完善。在上述工作基础上，形成了提请大会审议的《中华人民共和国慈善法（草案）》。

三、慈善法草案的主要内容

慈善法草案分总则、慈善组织、慈善募捐、慈善捐赠、慈善信托、慈善财产、慈善服务、信息公开、促进措施、监督管理、法律责任和附则12章、112条。

（一）关于慈善法的调整范围

慈善活动，主要是指扶贫、济困、救灾方面的义行善举，这是我国慈善事业的重点，同时也包括其他有利于社会公共利益的活动。草案立足我国国情，结合慈善活动发展的趋势，规定慈善活动是指自然人、法人和其他组织以捐赠财产或者提供服务等方式，在扶贫、济困、扶老、救孤、恤病、助残、优抚，救助自然灾害等突发事件造成的损害，以及促进教科文卫体事业发展、保护环境等领域自愿开展的公益活动。这一界定为慈善事业的进一步发展提供了广阔的空间（草案第三条）。

（二）关于慈善组织的规范

按照党的十八届三中全会决定提出的“重点培育和优先发展行业协会商会类、科技类、公益慈善类、城乡社区服务类社会组织，成立时直接依法申请登记”的要求，草案对慈善组织作了以下规定：

1. 明确慈善组织的定义及其设立程序。一是明确慈善组织的定义，即慈善组织是指依法成立，符合本法规定，以开展慈善活动为宗旨的非营利组织；慈善组织可以采取基金会、社会团体、社会服务机构等组织形式（草案第八条）。二是明确慈善组织的设立条件，其中包括以开展慈善活动为宗旨、不以营利为目的、有必要的财产等（草案第九条）。三是规定设立慈善组织，应当向县级以上人民政府民政部门申请登记；已经设立的基金会、社会团体、社会服务机构等非营利组织，可以向原登记的民政部门申请认定为慈善组织（草案第十条）。

2. 规范慈善组织的行为准则和内部治理。一是规定慈善组织应当根据法律法规以及章程的规定，建立健全内部治理结构，明确决策、执行、监督等方面的职责权限，开展慈善活动；慈善组织应当执行国家统一的会计制度，依法进行会计核算，建立健全会计监督制度，并接受政府有关部门的监督管理（草案第十二条）。二是规定慈善组织的发起人、主要捐赠人以及管理人员，不得利用其关联关系损害慈善组织、受益人的利益和社会公共利益（草案第十四条）。三是规定慈善组织不得从事、资助危害国家安全和社会公共利益的活动，不得接受附加违反法律法规和社会公德条件的捐赠（草案第十五条）。四是规定慈善组织清算后的剩余财产，按照慈善组织章程的规定转给宗旨相同或者相近的慈善组织；章程未规定的，由民政部门主持转给宗旨相同或者相近的慈善组织，并向社会公告（草案第十八条）。

3. 强化慈善组织的信息公开义务。一是规定慈善组织应当向社会公开组织章程和决策、执行、监督机构成员信息以及国务院民政部门要求公开的其他信息；慈善组织应当每年向社会公开其年度工作报告，包括财务会计报告、年度开展募捐和接受捐赠情况、慈善财产的管理使用情况、开展慈善项目情况以及慈善组织工作人员的工资福利情况；慈善信息公开应当真实、完整、及时（草案第七十一条、第七十二条）。二是针对慈善组织开展公开募捐和定向募捐的不同情况，明确规定了信息公开的对象、内容及程序（草案第七十三条、第七十四条）。三是规定涉及国家秘密、商业秘密、个人隐私的信息以及捐赠人、慈善信托的委托人不同意公开的姓名、名称、住所等信息，不得公开（草案第七十六条）。

（三）关于慈善募捐和慈善捐赠

慈善募捐，涉及慈善财产的筹集和运用，需要加以规范。草案明确，慈善募捐包括面向社会公众的公开募捐和面向特定对象的定向募捐，并重点对公开募捐作了规范。一是在现行有关规定基础上适当扩大公开募捐的主体范围，并明确慈善组织开展公开募捐应当取得公开募捐资格；依法登记或者认定满二年的慈善组织可以申请公开募捐资格，其内部治理结构健全、运作规范的，民政部门应当发给公开募捐资格证书；法律、行政法规规定自登记之日起可以公开募捐的基金会和社会团体，由民政部门直接发给公开募捐资格证书（草案第二十三条）。二是明确公开募捐的方式及要求。慈善组织采取在公共场所设置募捐箱，以及举办义演、义赛、慈善晚会等方式开展公开募捐的，应当在其登记的民政部门管辖区域内进行，但捐赠人的捐赠行为不受地域限制；慈善组织通过互联网开展公开募捐的，应当在民政部门统一或者指定的慈善信息平台发布募捐信息，也可以同时在其网站发布募捐信息（草案第二十四条）。三是明确定向募捐应当在发起人、理事会成员和会员等特定对象的范围内进行，不得采取或者变相采取公开募捐方式（草案第二十二条、第二十五条）。此外，草案规定，捐赠人应当按照捐赠协议履行捐赠义务。捐赠人公开承诺捐赠，或者捐赠财产用于扶贫、济困、救灾等慈善活动并签订书面捐赠协议，逾期未交付财产的，慈善组织和其他接受捐赠的人可以要求交付（草案第四十一条）。

（四）关于慈善信托

慈善信托属于公益信托，是指委托人基于慈善目的，依法将其财产委托给受托人，由受托人按照委托人意愿以受托人名义进行管理和处分所开展慈善活动的行为。草案慈善信托一章主要作了以下规定：一是明确慈善信托的备案制度。设立慈善信托、确定受托人和监察人，应当采取书面形式；受托人应当在慈善信托文件签订之日起七日内将相关文件向受托人所在地县级以上人民政府民政部门备案（草案第四十五条）。二是确定受托人的范围。慈善信托的受托人，可以由委托人确定其信赖的慈善组织或者信托公司担任；慈善信托的受托人违反信托义务或者难以履行职责的，委托人可以变更受托人（草案第四十六条、第四十七条）。三是明确受托人、监察人的义务。慈善信托的受托人管理和处分信托财产，应当按照信托目的，恪尽职守，履行诚信、谨慎管理的义务；慈善信托的委托人根据需要，可以确定信托监察人；信托监察人对受托人的行为进行监督，依法维护委托人和受益人的权益（草案第四十八条、第四十九条）。

（五）关于慈善财产

慈善财产的使用直接关系到慈善活动能否实现其慈善目的。草案对此作了以下规定：一是慈善组织的财产应当根据章程和捐赠协议的规定全部用于慈善目的，不得在发起人、捐赠人以及慈善组织成员中分配；任何组织和个人不得私分、挪用、截留或者侵占慈善财产（草案第五十二条）。二是慈善组织为实现财产保值、增值进行投资的，应当遵循合法、安全、有效的原则，投资取得的收益应当全部用于慈善目的；重大投资方案应当经决策机构组成人员三分之二以上同意。慈善组织的负责人和工作人员不得在其投资的企业兼职或者领取报酬（草案第五十四条）。三是慈善组织应当积极开展慈善活动，充分、高效运用慈善财产，并遵循管理成本最必要原则，厉行节约，减少不必要的开支。慈善组织中具有公开募捐资格的基金会开展慈善活动的年度支出，不得低于前三年收入平均数额的百分之七十，年度管理成本不得超过当年总支出的百分之十五；其他慈善组织开展慈善活动的年度支出以及管理成本的标准，由国务院民政部门会同国务院财政、税务等部门依照上述原则制定。捐赠协议对单项捐赠财产的慈善活动支出和管理成本有约定的，按照其约定（草案第六十条）。

（六）关于慈善服务

慈善服务是慈善事业的重要组成部分。草案对慈善服务作了以下规定：一是慈善组织招募志愿者参与慈善服务，应当公示与慈善服务有关的全部信息，告知服务过程中可能发生的风险（草案第六十四条）。二是慈善组织应当对志愿者实名登记，记录志愿者的服务时间、内容、评价等信息；根据志愿者的要求，慈善组织应当无偿、如实出具志愿服务记录证明（草案第六十五条）。三是慈善组织安排志愿者参与慈善服务，应当与志愿者的年龄、文化程度、技能和身体状况相适应；慈善组织应当为志愿者参与慈善服务提供必要条件，保障志愿者的合法权益；慈善组织安排志愿者参与可能发生人身危险的慈善服务前，应当为志愿者购买相应的人身意外伤害保险（草案第六十六条、第六十八条）。

（七）关于慈善事业发展的促进措施

草案专章规定了支持慈善事业发展的促进措施，尤其对慈善活动享有的税收优惠作了规定：一是明确慈善组织、捐赠人、受益人依法享受税收优惠（草案第七十九条至第八十二条）。二是为落实中央扶贫开发工作会议精神，草案规定国家对开展扶贫济困的慈善活动，实行特殊的优惠政策（草案第八十四条）。三是针对大额捐赠税前扣除比例问题，草案专门规定，企业慈善捐赠支出超过法律规定的准予在计算企业所得税应纳税所得额时当年扣除的部分，允许结转以后三年内在计算应纳税所得额时扣除（草案第八十条）。

此外，草案还对慈善活动的监督管理、服务引导以及慈善领域违法行为的法律责任等作了相应规定。

《中华人民共和国慈善法（草案）》和以上说明，请审议。

宪法和法律有关慈善的规定

（一）中华人民共和国宪法（节录）

（1982年12月4日第五届全国人民代表大会第五次会议通过 1982年12月4日全国人民代表大会公告公布施行 根据1988年4月12日第七届全国人民代表大会第一次会议通过的《中华人民共和国宪法修正案》、1993年3月29日第八届全国人民代表大会第一次会议通过的《中华人民共和国宪法修正案》、1999年3月15日第九届全国人民代表大会第二次会议通过的《中华人民共和国宪法修正案》和2004年3月14日第十届全国人民代表大会第二次会议通过的《中华人民共和国宪法修正案》修正）

第四十五条 中华人民共和国公民在年老、疾病或者丧失劳动能力的情况下，有从国家和社会获得物质帮助的权利。国家发展为公民享受这些权利所需要的社会保险、社会救济和医疗卫生事业。

国家和社会保障残废军人的生活，抚恤烈士家属，优待军人家属。

国家和社会帮助安排盲、聋、哑和其他有残疾的公民的劳动、生活和教育。

（二）中华人民共和国合同法（节录）

（1999 年 3 月 15 日第九届全国人民代表大会第二次会议通过 1999 年 3 月 15 日中华人民共和国主席令第 15 号公布 自 1999 年 10 月 1 日起施行）

第十一章 赠与合同

第一百八十五条 赠与合同是赠与人将自己的财产无偿给予受赠人，受赠人表示接受赠与的合同。

第一百八十六条 赠与人在赠与财产的权利转移之前可以撤销赠与。

具有救灾、扶贫等社会公益、道德义务性质的赠与合同或者经过公证的赠与合同，不适用前款规定。

第一百八十七条 赠与的财产依法需要办理登记等手续的，应当办理有关手续。

第一百八十八条 具有救灾、扶贫等社会公益、道德义务性质的赠与合同或者经过公证的赠与合同，赠与人不交付赠与的财产的，受赠人可以要求交付。

第一百八十九条 因赠与人故意或者重大过失致使赠与的财产毁损、灭失的，赠与人应当承担损害赔偿责任。

第一百九十条 赠与可以附义务。

赠与附义务的，受赠人应当按照约定履行义务。

第一百九十一条 赠与的财产有瑕疵的，赠与人不承担责任。附义务的赠与，赠与的财产有瑕疵的，赠与人在附义务的限度内承担与出卖人相同的责任。

赠与人故意不告知瑕疵或者保证无瑕疵，造成受赠人损失的，应当承担损害赔偿责任。

第一百九十二条　受赠人有下列情形之一的，赠与人可以撤销赠与：

（一）严重侵害赠与人或者赠与人的近亲属；

（二）对赠与人有扶养义务而不履行；

（三）不履行赠与合同约定的义务。

赠与人的撤销权，自知道或者应当知道撤销原因之日起一年内行使。

第一百九十三条　因受赠人的违法行为致使赠与人死亡或者丧失民事行为能力的，赠与人的继承人或者法定代理人可以撤销赠与。

赠与人的继承人或者法定代理人的撤销权，自知道或者应当知道撤销原因之日起六个月内行使。

第一百九十四条　撤销权人撤销赠与的，可以向受赠人要求返还赠与的财产。

第一百九十五条　赠与人的经济状况显著恶化，严重影响其生产经营或者家庭生活的，可以不再履行赠与义务。

（三）中华人民共和国信托法（节录）

（2001年4月28日第九届全国人民代表大会常务委员会第二十一次会议通过　2001年4月28日中华人民共和国主席令第50号公布　自2001年10月1日起施行）

第五十九条　公益信托适用本章规定。本章未规定的，适用本法及其他相关法律的规定。

第六十条　为了下列公共利益目的之一而设立的信托，属于公益信托：

（一）救济贫困；

（二）救助灾民；

（三）扶助残疾人；

（四）发展教育、科技、文化、艺术、体育事业；

（五）发展医疗卫生事业；

（六）发展环境保护事业，维护生态环境；

（七）发展其他社会公益事业。

第六十一条 国家鼓励发展公益信托。

第六十二条 公益信托的设立和确定其受托人，应当经有关公益事业的管理机构（以下简称公益事业管理机构）批准。

未经公益事业管理机构的批准，不得以公益信托的名义进行活动。

公益事业管理机构对于公益信托活动应当给予支持。

第六十三条 公益信托的信托财产及其收益，不得用于非公益目的。

第六十四条 公益信托应当设置信托监察人。

信托监察人由信托文件规定。信托文件未规定的，由公益事业管理机构指定。

第六十五条 信托监察人有权以自己的名义，为维护受益人的利益，提起诉讼或者实施其他法律行为。

第六十六条 公益信托的受托人未经公益事业管理机构批准，不得辞任。

第六十七条 公益事业管理机构应当检查受托人处理公益信托事务的情况及财产状况。

受托人应当至少每年一次作出信托事务处理情况及财产状况

报告，经信托监察人认可后，报公益事业管理机构核准，并由受托人予以公告。

第六十八条　公益信托的受托人违反信托义务或者无能力履行其职责的，由公益事业管理机构变更受托人。

第六十九条　公益信托成立后，发生设立信托时不能预见的情形，公益事业管理机构可以根据信托目的，变更信托文件中的有关条款。

第七十条　公益信托终止的，受托人应当于终止事由发生之日起十五日内，将终止事由和终止日期报告公益事业管理机构。

第七十一条　公益信托终止的，受托人作出的处理信托事务的清算报告，应当经信托监察人认可后，报公益事业管理机构核准，并由受托人予以公告。

第七十二条　公益信托终止，没有信托财产权利归属人或者信托财产权利归属人是不特定的社会公众的，经公益事业管理机构批准，受托人应当将信托财产用于与原公益目的相近似的目的，或者将信托财产转移给具有近似目的的公益组织或者其他公益信托。

第七十三条　公益事业管理机构违反本法规定的，委托人、受托人或者受益人有权向人民法院起诉。

（四）中华人民共和国公益事业捐赠法

（1999 年 6 月 28 日第九届全国人民代表大会常务委员会第十次会议通过　1999 年 6 月 28 日中华人民共和国主席令第 19 号公布　自 1999 年 9 月 1 日起施行）

第一章　总　　则

第一条　为了鼓励捐赠，规范捐赠和受赠行为，保护捐赠人、受赠人和受益人的合法权益，促进公益事业的发展，制定本法。

第二条 自然人、法人或者其他组织自愿无偿向依法成立的公益性社会团体和公益性非营利的事业单位捐赠财产，用于公益事业的，适用本法。

第三条 本法所称公益事业是指非营利的下列事项：

（一）救助灾害、救济贫困、扶助残疾人等困难的社会群体和个人的活动；

（二）教育、科学、文化、卫生、体育事业；

（三）环境保护、社会公共设施建设；

（四）促进社会发展和进步的其他社会公共和福利事业。

第四条 捐赠应当是自愿和无偿的，禁止强行摊派或者变相摊派，不得以捐赠为名从事营利活动。

第五条 捐赠财产的使用应当尊重捐赠人的意愿，符合公益目的，不得将捐赠财产挪作他用。

第六条 捐赠应当遵守法律、法规，不得违背社会公德，不得损害公共利益和其他公民的合法权益。

第七条 公益性社会团体受赠的财产及其增值为社会公共财产，受国家法律保护，任何单位和个人不得侵占、挪用和损毁。

第八条 国家鼓励公益事业的发展，对公益性社会团体和公益性非营利的事业单位给予扶持和优待。

国家鼓励自然人、法人或者其他组织对公益事业进行捐赠。

对公益事业捐赠有突出贡献的自然人、法人或者其他组织，由人民政府或者有关部门予以表彰。对捐赠人进行公开表彰，应当事先征求捐赠人的意见。

第二章　捐赠和受赠

第九条　自然人、法人或者其他组织可以选择符合其捐赠意愿的公益性社会团体和公益性非营利的事业单位进行捐赠。捐赠的财产应当是其有权处分的合法财产。

第十条　公益性社会团体和公益性非营利的事业单位可以依照本法接受捐赠。

本法所称公益性社会团体是指依法成立的，以发展公益事业为宗旨的基金会、慈善组织等社会团体。

本法所称公益性非营利的事业单位是指依法成立的，从事公益事业的不以营利为目的的教育机构、科学研究机构、医疗卫生机构、社会公共文化机构、社会公共体育机构和社会福利机构等。

第十一条　在发生自然灾害时或者境外捐赠人要求县级以上人民政府及其部门作为受赠人时，县级以上人民政府及其部门可以接受捐赠，并依照本法的有关规定对捐赠财产进行管理。

县级以上人民政府及其部门可以将受赠财产转交公益性社会团体或者公益性非营利的事业单位；也可以按照捐赠人的意愿分发或者兴办公益事业，但是不得以本机关为受益对象。

第十二条　捐赠人可以与受赠人就捐赠财产的种类、质量、数量和用途等内容订立捐赠协议。捐赠人有权决定捐赠的数量、用途和方式。

捐赠人应当依法履行捐赠协议，按照捐赠协议约定的期限和方式将捐赠财产转移给受赠人。

第十三条　捐赠人捐赠财产兴建公益事业工程项目，应当与受赠人订立捐赠协议，对工程项目的资金、建设、管理和使用作出约定。

捐赠的公益事业工程项目由受赠单位按照国家有关规定办理项目审批手续，并组织施工或者由受赠人和捐赠人共同组织施工。工程质量应当符合国家质量标准。

捐赠的公益事业工程项目竣工后，受赠单位应当将工程建设、建设资金的使用和工程质量验收情况向捐赠人通报。

第十四条 捐赠人对于捐赠的公益事业工程项目可以留名纪念；捐赠人单独捐赠的工程项目或者主要由捐赠人出资兴建的工程项目，可以由捐赠人提出工程项目的名称，报县级以上人民政府批准。

第十五条 境外捐赠人捐赠的财产，由受赠人按照国家有关规定办理入境手续；捐赠实行许可证管理的物品，由受赠人按照国家有关规定办理许可证申领手续，海关凭许可证验放、监管。

华侨向境内捐赠的，县级以上人民政府侨务部门可以协助办理有关入境手续，为捐赠人实施捐赠项目提供帮助。

第三章 捐赠财产的使用和管理

第十六条 受赠人接受捐赠后，应当向捐赠人出具合法、有效的收据，将受赠财产登记造册，妥善保管。

第十七条 公益性社会团体应当将受赠财产用于资助符合其宗旨的活动和事业。对于接受的救助灾害的捐赠财产，应当及时用于救助活动。基金会每年用于资助公益事业的资金数额，不得低于国家规定的比例。

公益性社会团体应当严格遵守国家的有关规定，按照合法、安全、有效的原则，积极实现捐赠财产的保值增值。

公益性非营利的事业单位应当将受赠财产用于发展本单位的公益事业，不得挪作他用。

对于不易储存、运输和超过实际需要的受赠财产，受赠人可以变卖，所取得的全部收入，应当用于捐赠目的。

第十八条 受赠人与捐赠人订立了捐赠协议的，应当按照协议约定的用途使用捐赠财产，不得擅自改变捐赠财产的用途。如果确需改变用途的，应当征得捐赠人的同意。

第十九条 受赠人应当依照国家有关规定，建立健全财务会计制度和受赠财产的使用制度，加强对受赠财产的管理。

第二十条 受赠人每年度应当向政府有关部门报告受赠财产的使用、管理情况，接受监督。必要时，政府有关部门可以对其财务进行审计。

海关对减免关税的捐赠物品依法实施监督和管理。

县级以上人民政府侨务部门可以参与对华侨向境内捐赠财产使用与管理的监督。

第二十一条 捐赠人有权向受赠人查询捐赠财产的使用、管理情况，并提出意见和建议。对于捐赠人的查询，受赠人应当如实答复。

第二十二条 受赠人应当公开接受捐赠的情况和受赠财产的使用、管理情况，接受社会监督。

第二十三条 公益性社会团体应当厉行节约，降低管理成本，工作人员的工资和办公费用从利息等收入中按照国家规定的标准开支。

第四章 优惠措施

第二十四条 公司和其他企业依照本法的规定捐赠财产用于公益事业，依照法律、行政法规的规定享受企业所得税方面的优惠。

第二十五条 自然人和个体工商户依照本法的规定捐赠财产用于公益事业，依照法律、行政法规的规定享受个人所得税方面的优惠。

第二十六条 境外向公益性社会团体和公益性非营利的事业单位捐赠的用于公益事业的物资，依照法律、行政法规的规定减征或者免征进口关税和进口环节的增值税。

第二十七条 对于捐赠的工程项目，当地人民政府应当给予支持和优惠。

第五章 法律责任

第二十八条 受赠人未征得捐赠人的许可，擅自改变捐赠财产的性质、用途的，由县级以上人民政府有关部门责令改正，给予警告。拒不改正的，经征求捐赠人的意见，由县级以上人民政府将捐赠财产交由与其宗旨相同或者相似的公益性社会团体或者公益性非营利的事业单位管理。

第二十九条 挪用、侵占或者贪污捐赠款物的，由县级以上人民政府有关部门责令退还所用、所得款物，并处以罚款；对直接责任人员，由所在单位依照有关规定予以处理；构成犯罪的，依法追究刑事责任。

依照前款追回、追缴的捐赠款物，应当用于原捐赠目的和用途。

第三十条 在捐赠活动中，有下列行为之一的，依照法律、法规的有关规定予以处罚；构成犯罪的，依法追究刑事责任：

（一）逃汇、骗购外汇的；

（二）偷税、逃税的；

（三）进行走私活动的；

（四）未经海关许可并且未补缴应缴税额，擅自将减税、免税进口的捐赠物资在境内销售、转让或者移作他用的。

第三十一条　受赠单位的工作人员，滥用职权，玩忽职守，徇私舞弊，致使捐赠财产造成重大损失的，由所在单位依照有关规定予以处理；构成犯罪的，依法追究刑事责任。

第六章　附　　则

第三十二条　本法自1999年9月1日起施行。

（五）中华人民共和国企业所得税法（节录）

（2007年3月16日第十届全国人民代表大会第五次会议通过　2007年3月16日中华人民共和国主席令第63号公布　自2008年1月1日起施行）

第九条　企业发生的公益性捐赠支出，在年度利润总额12%以内的部分，准予在计算应纳税所得额时扣除。

第二十六条　企业的下列收入为免税收入：

……

（四）符合条件的非营利组织的收入。

（六）中华人民共和国个人所得税法（节录）

（1980年9月10日第五届全国人民代表大会第三次会议通过　根据1993年10月31日第八届全国人民代表大会常务委员会第四次会议《关于修改〈中华人民共和国个人所得税法〉的决定》第一次修正　根据1999年8月30日第九届全国人民代表大会常务委员会第十一次会议《关于修改〈中华人民共和国个人所得税法〉的决定》第二次修正　根据2005年10月27日第十届全国人民代表大会常务委员会第十八次会议《关于修改〈中华人民共和

国个人所得税法〉的决定》第三次修正　根据2007年6月29日第十届全国人民代表大会常务委员会第二十八次会议《关于修改〈中华人民共和国个人所得税法〉的决定》第四次修正　根据2007年12月29日第十届全国人民代表大会常务委员会第三十一次会议《关于修改〈中华人民共和国个人所得税法〉的决定》第五次修正　根据2011年6月30日第十一届全国人民代表大会常务委员会第二十一次会议《关于修改〈中华人民共和国个人所得税法〉的决定》第六次修正）

第六条　应纳税所得额的计算：

……

个人将其所得对教育事业和其他公益事业捐赠的部分，按照国务院有关规定从应纳税所得中扣除。

（注：个人所得税法实施条例第二十四条规定：税法第六条第二款所说的个人将其所得对教育事业和其他公益事业的捐赠，是指个人将其所得通过中国境内的社会团体、国家机关向教育和其他社会公益事业以及遭受严重自然灾害地区、贫困地区的捐赠。

捐赠额未超过纳税义务人申报的应纳税所得额30%的部分，可以从其应纳税所得额中扣除。）

（七）中华人民共和国残疾人保障法（节录）

（1990年12月28日第七届全国人民代表大会常务委员会第十七次会议通过　2008年4月24日第十一届全国人民代表大会常务委员会第二次会议修订　2008年4月24日中华人民共和国主席令第3号公布　自2008年7月1日起施行）

第五十一条　政府有关部门和残疾人组织应当建立和完善社

会各界为残疾人捐助和服务的渠道，鼓励和支持发展残疾人慈善事业，开展志愿者助残等公益活动。

（八）中华人民共和国老年人权益保障法（节录）

（1996 年 8 月 29 日第八届全国人民代表大会常务委员会第二十一次会议通过　根据 2009 年 8 月 27 日第十一届全国人民代表大会常务委员会第十次会议《关于修改部分法律的决定》第一次修正　2012 年 12 月 28 日第十一届全国人民代表大会常务委员会第三十次会议修订　根据 2015 年 4 月 24 日第十二届全国人民代表大会常务委员会第十四次会议《关于修改〈中华人民共和国电力法〉等六部法律的决定》第二次修正）

第三十五条　国家鼓励慈善组织以及其他组织和个人为老年人提供物质帮助。

第三十八条　……

发扬邻里互助的传统，提倡邻里间关心、帮助有困难的老年人。

鼓励慈善组织、志愿者为老年人服务。倡导老年人互助服务。

（九）中华人民共和国突发事件应对法（节录）

（2007 年 8 月 30 日第十届全国人民代表大会常务委员会第二十九次会议通过　2007 年 8 月 30 日中华人民共和国主席令第 69 号公布　自 2007 年 11 月 1 日起施行）

第三条第一款　本法所称突发事件，是指突然发生，造成或者可能造成严重社会危害，需要采取应急处置措施予以应对的自然灾害、事故灾难、公共卫生事件和社会安全事件。

第三十四条　国家鼓励公民、法人和其他组织为人民政府应对突发事件工作提供物资、资金、技术支持和捐赠。

第六十一条第三款 公民参加应急救援工作或者协助维护社会秩序期间，其在本单位的工资待遇和福利不变；表现突出、成绩显著的，由县级以上人民政府给予表彰或者奖励。

（十）中华人民共和国红十字会法（节录）

（1993年10月31日第八届全国人民代表大会常务委员会第四次会议通过 根据2009年8月27日第十一届全国人民代表大会常务委员会第十次会议《关于修改部分法律的决定》修正）

第十三条 红十字会有权处分其接受的救助物资；在处分捐赠款物时，应当尊重捐赠者的意愿。

第二十二条 红十字会为开展救助工作，可以进行募捐活动。

第二十三条 红十字会接受用于救助和公益事业的捐赠物资，按照国家有关规定享受减税、免税的优惠待遇。

第二十四条 红十字会建立经费审查监督制度。

红十字会的经费使用应当与其宗旨相一致。

红十字会对接受的境外捐赠款物，应当建立专项审查监督制度。

红十字会经费的来源和使用情况每年向红十字会理事会报告。

（十一）中华人民共和国就业促进法（节录）

（2007年8月30日第十届全国人民代表大会常务委员会第二十九次会议通过 根据2015年4月24日第十二届全国人民代表大会常务委员会第十四次会议《关于修改〈中华人民共和国电力法〉等六部法律的决定》修正）

第三十六条 县级以上地方人民政府对职业中介机构提供公益性就业服务的，按照规定给予补贴。

国家鼓励社会各界为公益性就业服务提供捐赠、资助。

（十二）中华人民共和国禁毒法（节录）

（2007年12月29日第十届全国人民代表大会常务委员会第三十一次会议通过　2007年12月29日中华人民共和国主席令第79号公布　自2008年6月1日起施行）

第七条　国家鼓励对禁毒工作的社会捐赠，并依法给予税收优惠。

（十三）中华人民共和国教育法（节录）

（1995年3月18日第八届全国人民代表大会第三次会议通过　根据2009年8月27日第十一届全国人民代表大会常务委员会第十次会议《关于修改部分法律的决定》第一次修正　根据2015年12月27日第十二届全国人民代表大会常务委员会第十八次会议《关于修改〈中华人民共和国教育法〉的决定》第二次修正）

第六十条　国家鼓励境内、境外社会组织和个人捐资助学。

第六十一条　国家财政性教育经费、社会组织和个人对教育的捐赠，必须用于教育，不得挪用、克扣。

（十四）中华人民共和国义务教育法（节录）

（1986年4月12日第六届全国人民代表大会第四次会议通过　2006年6月29日第十届全国人民代表大会常务委员会第二十二次会议修订　根据2015年4月24日第十二届全国人民代表大会常务委员会第十四次会议《关于修改〈中华人民共和国义务教育法〉等五部法律的决定》修正）

第四十八条　国家鼓励社会组织和个人向义务教育捐赠，鼓励按照国家有关基金会管理的规定设立义务教育基金。

（十五）中华人民共和国职业教育法（节录）

（1996 年 5 月 15 日第八届全国人民代表大会常务委员会第十九次会议通过　1996 年 5 月 15 日中华人民共和国主席令第 69 号公布　自 1996 年 9 月 1 日起施行）

第三十五条　国家鼓励企业、事业组织、社会团体、其他社会组织及公民个人对职业教育捐资助学，鼓励境外的组织和个人对职业教育提供资助和捐赠。提供的资助和捐赠，必须用于职业教育。

（十六）中华人民共和国民办教育促进法（节录）

（2002 年 12 月 28 日第九届全国人民代表大会常务委员会第三十一次会议通过　根据 2013 年 6 月 29 日第十二届全国人民代表大会常务委员会第三次会议《关于修改〈中华人民共和国文物保护法〉等十二部法律的决定》修正）

第四十七条　民办学校依照国家有关法律、法规，可以接受公民、法人或者其他组织的捐赠。

国家对向民办学校捐赠财产的公民、法人或者其他组织按照有关规定给予税收优惠，并予以表彰。

（十七）中华人民共和国科学技术进步法（节录）

（1993 年 7 月 2 日第八届全国人民代表大会常务委员会第二次会议通过　2007 年 12 月 29 日第十届全国人民代表大会常务委员会第三十一次会议修订　2007 年 12 月 29 日中华人民共和国主席令第 82 号公布　自 2008 年 7 月 1 日起施行）

第六十六条　国家鼓励国内外的组织或者个人捐赠财产、设立科学技术基金，资助科学技术研究开发和科学技术普及。

（十八）中华人民共和国科学技术普及法（节录）

（2002年6月29日第九届全国人民代表大会常务委员会第二十八次会议通过　2002年6月29日中华人民共和国主席令第71号公布　自公布之日起施行）

第二十五条　国家支持科普工作，依法对科普事业实行税收优惠。

科普组织开展科普活动、兴办科普事业，可以依法获得资助和捐赠。

第二十六条　国家鼓励境内外的社会组织和个人设立科普基金，用于资助科普事业。

第二十七条　国家鼓励境内外的社会组织和个人捐赠财产资助科普事业；对捐赠财产用于科普事业或者投资建设科普场馆、设施的，依法给予优惠。

第二十八条　科普经费和社会组织、个人资助科普事业的财产，必须用于科普事业，任何单位或者个人不得克扣、截留、挪用。

（十九）中华人民共和国文物保护法（节录）

（1982年11月19日第五届全国人民代表大会常务委员会第二十五次会议通过　根据1991年6月29日第七届全国人民代表大会常务委员会第二十次会议《关于修改〈中华人民共和国文物保护法〉第三十条、第三十一条的决定》第一次修正　2002年10月28日第九届全国人民代表大会常务委员会第三十次会议修订　根据2007年12月29日第十届全国人民代表大会常务委员会第三十一次会议《关于修改〈中华人民共和国文物保护法〉的决定》

第二次修正　根据2013年6月29日第十二届全国人民代表大会常务委员会第三次会议《关于修改〈中华人民共和国文物保护法〉等十二部法律的决定》第三次修正　根据2015年4月24日第十二届全国人民代表大会常务委员会第十四次会议《关于修改〈中华人民共和国文物保护法〉的决定》第四次修正）

第十条第四款　国家鼓励通过捐赠等方式设立文物保护社会基金，专门用于文物保护，任何单位或者个人不得侵占、挪用。

（二十）中华人民共和国传染病防治法（节录）

（1989年2月21日第七届全国人民代表大会常务委员会第六次会议通过　2004年8月28日第十届全国人民代表大会常务委员会第十一次会议修订　根据2013年6月29日第十二届全国人民代表大会常务委员会第三次会议《关于修改〈中华人民共和国文物保护法〉等十二部法律的决定》修正）

第九条第一款　国家支持和鼓励单位和个人参与传染病防治工作。各级人民政府应当完善有关制度，方便单位和个人参与防治传染病的宣传教育、疫情报告、志愿服务和捐赠活动。

（二十一）中华人民共和国体育法（节录）

（1995年8月29日第八届全国人民代表大会常务委员会第十五次会议通过　根据2009年8月27日第十一届全国人民代表大会常务委员会第十次会议《关于修改部分法律的决定》修正）

第四十二条　国家鼓励企业事业组织和社会团体自筹资金发展体育事业，鼓励组织和个人对体育事业的捐赠和赞助。

我国慈善事业发展的基本情况

怀慈心、行善举是中华民族的优良传统，源远流长。改革开放以来，以慈善组织专业运作为特征的现代慈善事业在我国开始起步，并随着经济社会发展水平的提升而蓬勃发展，取得了显著成效，主要表现在以下几个方面：

（1）社会捐赠稳步增长。社会捐赠量是衡量慈善事业发展状况的一个重要指数。据有关方面统计，从捐赠总额来看，我国来自社会各界的慈善捐赠增长势头非常明显，从2006年的127亿元增加到2012年的817亿元，2013年接近1000亿元，2014年则达到1042.26亿元；期间，2008年和2010年，由于发生四川汶川地震和玉树地震的特大自然灾害，慈善款物捐赠总额亦超过千亿元。从捐赠领域上看，慈善资源的分配更加趋于多元化，其中以助医、助学和生活帮扶为代表的扶贫济困事业是社会各界最关注的领域，每年均得到70%左右的善款；同时，科技、文化、环保、体育、青年创业、公共设施建设等领域也开始为公众所重视，均有善款投入。从捐赠主体来看，企业一直是慈善捐赠的主体，其中民营企业的捐赠又占到企业捐赠的2/3以上；与此同时，来自公众的个人捐赠也在稳步提高。从接受捐赠的客体来看，基金会、慈善会等典型慈善组织是最主要的受赠人。

以2014年为例，全国基金会接收的捐款占社会捐赠总量的36%，慈善会占30%；此外，各级政府部门约占22%，事业单位约占5%，红十字会系统约占2.5%，其他各类社会组织约占3%。此外，慈善捐赠的方式也在不断发展，以企业家为代表的大额捐赠层出不穷，捐赠股权、有价证券、知识产权等新的慈善形式也不断涌现。

（2）慈善法制建设和支持政策不断完善。进入新世纪以来，我国慈善立法进程不断加快。现阶段，有关慈善事业的法律法规主要有《中华人民共和国公益事业捐赠法》、《中华人民共和国红十字会法》和国务院发布的《基金会管理条例》、《社会团体登记管理条例》、《民办非企业单位登记管理暂行条例》等；此外，信托法、民办教育促进法、企业所得税法、个人所得税法等法律以及财政部、民政部、国家税务总局等部门制定的有关规章中各有部分条款涉及慈善事业。同时，江苏、宁夏等地制定了有关慈善事业发展方面的地方性法规。作为承担慈善事业促进职能的部门，民政部多年来一直在积极推进慈善立法，做了大量工作。

在全力推进立法的同时，政府对于慈善事业政策支持也在不断加强。2006年、2011年，民政部连续发布两个公益慈善事业发展的五年指导纲要，勾勒了慈善事业前进的宏伟蓝图。2012年起，民政部推动中央财政开展了政府向社会组织购买服务的工作。在2013年夏天，这项工作也得到了国务院高度认可，并推动各级政府广泛开展向社会力量购买服务。2014年底，国务院发布了《关于促进慈善事业健康发展的指导意见》，作为新中国成立以来第一个以中央政府名义出台的指导、规范和促进慈善事业发展的文件，该文件对我国慈善事业发展具有历史性、里程碑式的重要意义，有利于推动慈善事业迈上新台阶，有利于调动社会力量参与民生改善特别是社会救助工作，发挥慈善事业在保障和改善民生中的积极作用，有利于推进慈善事业法治化，进一步完善慈善事业制度建设。在此基础上，2015 年，民政部会同人力资源社会保障部、国家新闻出版广电总局、国信办、国务院国资委、全国工商联等部门，分别就慈善事业的宣传表彰、新闻宣传、央企和民企积极参与等出台了具体的支持政策。

（3）慈善组织成为我国慈善事业的活跃力量。目前，我国在民政部门登记注册的社会组织总数已超过 60 万，大部分在慈善领域内开展活动，建立的慈善项目达数百万个，逐步形成了一大批特色鲜明、具有广泛社会影响力的品牌项目，受益人群每年达数亿人次。特别是基金会的发展，近年不断提速，目前数量已达 4600 多个，其中公募基金会 1400 多个，其余为非公募基金会；各类基金会总资产超过 1000 亿元，每年用于慈善事业的支出超过 400 亿元，在动员社会资源、开展公益活动等方面发挥了重要作用。此外，在社会团体中，慈善会、志愿者协会、社会工作者协会等是典型的慈善组织代表，其中全国县级以上慈善会已超过 2000 个；在民办非企业单位中，各类为残疾人、老年人、困境儿童等提供帮扶的服务机构是典型的慈善组织代表，如自闭症儿童康复机构、残疾人康复训练中心、空巢老人关爱之家等等，据不完全统计，全国有上万家。在慈善组织大发展的同时，政府通过完善政策法规体系，不断推动建立自我管理、政府监管、公众监督和行业自律“四位一体”的监管体系，慈善组织管理也日趋科学化、精细化。

（4）慈善活动的合作平台不断完善。为了推进公益慈善领域的合作，提高慈善资源的使用效率，近年来，民政部积极推动公益慈善领域的合作平台建设。2012 年，民政部携手相关部委和地方政府，在深圳和宁夏举办了首届中国公益慈善项目交流展示会和中国黄河善谷慈善博览会，取得了非常好的效果。2013 年初，民政部推动成立了全国慈善领域的联合性、行业性组织中国慈善联合会，致力于将政府、企业、学者、慈善组织和新闻媒体的力量凝聚在一起，共同推动慈善事业的发展。2015 年 9 月，第四届中国公益慈善项目交流展示会继续在深圳举办，得到了各方面更多的关注和更大的投入。这些平台的搭建，促进了慈善思想理念的交流交融，发出了国内慈善参与者清晰而理性的声音，有效探索了慈善事业发展的方向和路径。

（5）信息技术在慈善领域得到广泛应用。随着我国网络技术和手机终端的普及，以及在线支付等工具的日臻成熟，“网络慈善”已经成为我国慈善组织推广慈善项目和普通民众参与公益慈善的首选平台，慈善组织通过互联网开展项目蔚然成风，并以准确的需求定位和专业的操作方式，获得了政府和社会各界的大力支持，切实改善了困难群体的生存状况。同时，互联网也成为慈善组织信息公开、赢得公众信任的重要平台。许多优秀的慈善组织都通过互联网来发布项目信息、公开资金使用情况，诚恳地接受社会各界的监督。信息技术的应用，为现代公益慈善事业提供了更广阔的空间和适宜生存的土壤。

（6）多元化的志愿服务体系初步形成。发展志愿服务参与慈善事业，是国际社会的通行做法和发展趋势，我们也一直高度重视志愿服务。2005 年 3 月，民政部推动成立中国社会工作协会社区志愿者工作委员会，后更名为“志愿者工作委员会”，致力于推动我国志愿服务发展和相关领域的志愿者队伍建设。此外，大批慈善组织和企事业单位也高度重视发展志愿服务。目前我国已建立43万个志愿者组织，常年开展活动的志愿者已超过6300万人，每年为社会提供超过3亿小时的志愿服务，基本形成了以社区志愿者、网络志愿者组织为主体的多元化志愿服务组织体系。在民政部门的推动下，志愿者服务记录制度初步建立。广大志愿者在扶贫开发、助老扶幼、社区建设、环境保护、科学普及、大型活动、抢险救灾和海外援助等方面发挥了突出的作用。

（7）慈善文化日益深入人心。慈善是中华文化的优良传统，是所有海内外中华儿女为之自豪的精神财富。弘扬慈善文化已经成为我国大力发展慈善事业的重点之一。自2005年起，民政部每年均举办“中华慈善奖”作为中国政府在慈善领域的最高奖项，表彰在慈善领域做出突出贡献的个人、机构和项目等，广受社会各界关注。同时，全国还有16个省份以及多个地市设立了当地别具特色的慈善表彰项目。各级地方政府也通过表彰活动、公益广告、设立慈善地标、开展校园慈善实践教育活动等，推动慈善文化进机关、进学校、进社区、进乡村，多点开花，普及宣传慈善文化。企业、社会组织等社会各界通过举办义演、义拍、义卖、义诊等各种形式的慈善活动，不断扩大慈善事业的社会影响力。报纸、广播、电视、互联网等媒体通过设计公益专栏、慈善频道等方式，广泛传播慈善文化。

虽然我国现代慈善事业取得了显著成就，但目前总体还处于起步阶段，特别是近些年一些慈善领域的热点事件频频出现，凸显出当前我国慈善事业发展不成熟，尤其是慈善法制不健全、慈善行为不规范、慈善税收优惠政策不完善、政府购买慈善组织服务力度不大、慈善监管体系不够完善、慈善事业信息统计制度缺失、慈善文化宣传有待加强及慈善人才短缺等问题，亟待解决。

全国人大代表提出慈善立法议案建议的主要内容

多年来，全国人大代表对慈善立法十分关注，十一届、十二届全国人大会议期间，有 800 多人次的代表提出有关慈善立法的议案 27 件、建议 29 件。现将代表的主要意见、建议梳理如下：

（1）关于制定慈善法的必要性。许多代表提出，当前迫切需要加快慈善立法步伐。一是有助于规范慈善活动、促进慈善事业健康发展。有的代表指出，慈善组织缺乏相应的监管制度，管理较为混乱。据民政部 2010 年的调查报告显示，全国有 42% 的慈善组织没有专门的信息披露办法，37% 的慈善组织没有专人负责信息披露工作，90% 的公众不接受目前的披露程度和方式。慈善事业发展过程中的一些问题，使公众对慈善行业和慈善组织产生了质疑，慈善公信力受到明显损害，需要尽快制定一部专门的慈善法来规范慈善活动。二是有助于缓解社会矛盾，促进社会和谐。当前我国社会两极分化比较严重，基尼系数越过了警戒线，通过制定慈善法，鼓励富人慷慨解囊，捐资助学，济贫解困，兴办慈善事业，有利于逐步转变仇富心理，促进社会和谐。三是有助于完善慈善事业法律制度。通过慈善立法，明确慈善事业的法律定位、公益慈善组织界定及其内部治理、慈善促进与监督管理等，理顺慈善立法与公益事业捐赠法、红十字会法等法律的关系，完善慈善法律制度，促进慈善事业健康发展。

（2）关于慈善组织。有的代表提出，要促进慈善事业的发展，必须规范慈善组织的设立条件和程序。现行行政法规规定，设立基金会、社会团体等组织要经业务主管单位同意后，才能到民政部门申请登记，这种制度安排导致慈善组织发展缓慢。建议慈善立法明确民政部门作为慈善事业主管机关，成立慈善组织依法直接到民政部门登记。

许多代表建议对慈善组织进行分类，对慈善组织资格进行认定，明确具备一定条件的社会组织为慈善组织，并在登记证书中明确其慈善属性，对于事业单位等特殊社会组织也可通过资格认定形式来确认，以方便慈善组织领取捐赠票据以及享受税收优惠等政策。

有的代表认为，关于慈善组织设立的最低财产数额，应当有一定的要求。因为慈善组织虽然是非营利组织，但毕竟要从事募捐捐助活动，一旦许诺进行公益性捐助而不能实现，会引发社会矛盾，因此需要有一定的财产数额。

（3）关于慈善募捐。很多代表提出，慈善立法应当规定慈善组织开展募捐活动要制定募捐方案，并规定募捐的具体程序，对慈善组织申请募捐许可的程序以及报送材料要作出规定。有关部门应依法监督募捐活动。在发生严重灾害时，政府有权发动慈善组织开展赈灾募捐并简化审批手续。

许多代表建议明确募捐主体。由于募捐市场的准入机制尚未建立，对募捐主体资格没有明确限制，亟需立法加以规范引导，营造良好的募捐环境。目前，存在“多头募捐”、“重复募捐”和

“非法幕捐”的情况。有的在校园、商场等地开展募捐，募集的资金得不到有效监管，还有传媒运用新闻影响力直接为某个人募捐，出现了一些受助人或家庭发“慈善财”的怪现象，引发社会质疑，影响了慈善公信力，不利于慈善事业的健康发展。

（4）关于慈善组织的资产。有的代表提出，慈善组织的资产包括慈善组织受赠的财产及其增值，受国家法律保护，不得私分、侵占、挪用和损毁。目前一些慈善组织的资产和国家财政的拨款不分，还有的与个人资产不分，这就容易产生纠纷。应当明确慈善组织资产的性质，同时也要在法律上明确在资产发生混同、账目管理混乱、资产流失时的法律责任。

（5）关于慈善组织管理成本。多数代表认为，慈善组织需要人员来进行运营，也需要一定的场地、设备和办公费用，因此，从事慈善活动需要一定的管理成本开支。从国外经验看，一般允许慈善组织将所得捐款中的一定比例作为运营成本。在我国，一些慈善组织也将部分善款作为管理成本，这已成为通行做法。但问题在于，慈善组织有权将多少比例的捐款作为管理成本开支？对此需要规范，如果比例过低，不利于慈善组织的存续和发展；如果比例过高，则可能导致浪费和挥霍，甚至导致腐败现象的发生。

（6）关于对慈善事业的扶持。多数代表认为，立法应当完善税收优惠制度。2008 年实施的《企业所得税法》第 9 条规定：“企业发生的公益性捐赠支出，在年度利润总额 12% 以内的部分，准予在计算应纳税所得额时扣除。”将企业捐赠的扣除比例从之前只有 3% 提高到年度利润总额 12% 。个人捐赠则允许捐赠额未超过应纳税所得额 30% 的部分从其应纳税所得额中扣除。虽然所得税可以税前扣除，但实践中还是存在很多困难，例如对教育机构的捐款，有些税务部门并不为其减免税收，企业超出比例捐赠也不能在以后年度结转扣除，这在一定程度上影响了捐赠热情。

部分代表认为，立法应当完善金融财税政策，加大对慈善组织和慈善活动的优惠扶持力度，调动民间和社会投身慈善的积极性，培育和壮大慈善市场。有的建议立法应当建立表彰激励制度，对有突出贡献的公民、法人和其他组织予以表彰。

（7）关于监督管理。部分代表认为，完善慈善事业监督体系是确保慈善公信力的重要一环。一要加强行政监督，政府既要建立可行的激励机制，又要有完备的约束机制来规范慈善事业的运作。建议在立法中明确加强对慈善机构资金和物资的监督管理，每年要对慈善资金、物资和慈善项目开展跟踪审计。慈善组织要自觉接受审计部门的监督。二要加强社会监督，通过行业协会、第三方评估机构等，对慈善组织的活动进行监督评价。三要畅通媒体和公众对慈善活动的监督渠道。建议在立法中明确慈善机构公开财务收支情况，提高运作透明度，通过定期和不定期的公开方式，在报刊、电视、网站等媒体向社会公布善款使用情况，主动接受社会各界和人民群众的监督，为慈善事业健康发展提供有力保障。

（8）关于行业自律。有的代表提出，从国外经验来看，慈善行业自律对于规范慈善组织的行为具有重要的意义，过度依靠政府监管，容易使政府过多介入慈善活动，反而不利于慈善组织自身的建设和发展，也会背离捐赠者的意愿。因此，要注重发挥慈善组织行业自律作用，必要时也可以发挥行业协会的协调作用。例如，在汶川地震发生后，有的学校收到大量捐款，有的学校却未能收到，如此就需要慈善组织之间以及慈善行业组织进行协调，而不能完全依靠政府。

（9）关于法律责任。许多代表认为，慈善组织如果违反了相关法律法规特别是违反了慈善法所规定的法律义务，应当承担法律责任。比如不履行信息公开义务，或者是公布虚假信息，没有按照规定使用慈善财产等，都要负法律责任。

有的代表提出，立法应当明确民政、财政、税务、审计等相关机构及其工作人员的法律责任，如果其在监督管理过程中违反法定职责，存在玩忽职守、失职渎职、滥用职权等情形，都要追究相应的法律责任。

现行促进慈善事业发展税收优惠的规定

为促进慈善事业发展，国家制定出台了多项税收法律政策，特别是在支持慈善组织发展，鼓励救灾、教育等公益性捐赠行为等方面给予了大力支持。主要包括以下三个方面：

一、支持慈善组织发展的税收政策

（一）对非营利组织的收入给予税收优惠。比如，《企业所得税法》和《企业所得税法实施条例》，以及《财政部 国家税务总局关于非营利组织企业所得税免税收入问题的通知》规定，符合条件的非营利组织的收入为免税收入，从事营利性活动取得的收入除外。同时，税务总局联合财政部下发了《关于非营利组织免税资格认定管理有关问题的通知》，明确了非营利组织免税资格认定管理有关问题，增强了可操作性。2014 年 8 月 19 日，国务院第 59 次常务会决定取消符合条件的非营利组织享受免税收入优惠的备案核准，最大限度地为非营利组织享受税收优惠提供了便利。

（二）对慈善组织等承受土地、房屋给予免税优惠。比如，《契税暂行条例》规定，从事慈善事业的事业单位、社会团体承受土地、房屋用于办公、教学、医疗、科研和军事设施的，免征契税。

《财政部 国家税务总局关于教育税收政策的通知》规定，对县级以上人民政府教育行政主管部门或劳动行政主管部门审批并颁发办学许可证，由从事慈善事业的企业事业组织、社会团体及其他社会和公民个人利用非国家财政性教育经费面向社会举办的学校及教育机构，其承受的土地、房屋权属用于教学的，免征契税。

《房产税暂行条例》和《城镇土地使用税暂行条例》规定，从事慈善事业的人民团体自用的房产、土地，免征房产税和城镇土地使用税。

《土地增值税暂行条例实施细则》、《财政部 国家税务总局关于土地增值税一些具体问题规定的通知》规定，房产所有人、土地使用权人通过中国境内非营利的社会团体、国家机关将房屋产权、土地使用权赠与教育、民政和其他社会福利、公益事业的，免征土地增值税。

《印花税暂行条例》规定，财产所有人将财产赠给政府、社会福利单位、学校所立的书据，免纳印花税。

（三）对慈善力量投资老年服务机构给予税收优惠。《财政部 国家税务总局关于对老年服务机构有关税收政策问题的通知》规定，从事慈善事业的企事业单位、社会团体以及个人等社会力量投资兴办的福利性、非营利性的老年服务机构自用房产、土地免征房产税、城镇土地使用税。

二、支持公益性捐赠的税收政策

（一）对救灾捐赠给予税收优惠。比如，《财政部 海关总署 国家税务总局关于支持芦山地震灾后恢复重建有关税收政策问题的通知》规定，对单位和个体经营者将自产、委托加工或购买的货物，通过公益性社会团体、县级以上人民政府及其部门捐赠给受灾地区的，免征增值税。

（二）对提供公益性服务给予税收支持。比如，《财政部 国家税务总局关于将铁路运输和邮政业纳入营业税改征增值税试点的通知》所附《营业税改征增值税试点实施办法》规定，在营业税改征增值税试点中，单位和个体工商户提供以公益活动为目的或者以社会公众为对象的应税服务，不视同销售征收增值税。

（三）对企业公益性捐赠支出允许限额扣除。《企业所得税法》和《企业所得税法实施条例》规定，企业通过公益性社会团体或者县级以上人民政府及其部门，用于《公益事业捐赠法》规定的公益事业的捐赠支出，不超过年度利润总额12%的部分，准予扣除。

（四）对个人公益性捐赠允许税前扣除。《个人所得税法》和《个人所得税法实施条例》规定，个人将其所得通过中国境内的社会团体、国家机关向教育和其他社会公益事业以及遭受严重自然灾害地区、贫困地区的捐赠，捐赠额未超过纳税义务人申报的应纳税所得额30%的部分，可以从其应纳税所得额中扣除。

《财政部 国家税务总局关于通过公益性群众团体的公益性捐赠税前扣除有关问题的通知》等文件规定，个人向宋庆龄基金会、中国福利会、中国残疾人福利基金会、中国扶贫基金会、中国煤矿尘肺病治疗基金会、中华环境保护基金会、中华红十字会、中华慈善总会、青少年活动场所、老年服务机构，以及通过非营利机构向教育事业的捐赠等，可在税前全额扣除。

（五）取消非行政许可审批事项，便利捐赠手续。2015年5月14日，国务院发布了《关于取消非行政许可审批事项的决定》，公布取消49项非行政许可审批事项，包括由民政部主导、财政部、税务总局参与审核确认的“公益性捐赠税前扣除资格确认”，进一步鼓励公益性捐赠活动。

三、支持境外捐赠的税收政策

一是《海关法》规定，外国政府、国际组织无偿赠送的物资，依法减征或者免征关税。二是《公益事业捐赠法》规定，境外向公益性社会团体和公益性非营利的事业单位捐赠的用于公益事业的物资，依法减征或者免征进口关税和进口环节的增值税。三是《扶贫、慈善性捐赠物资免征进口税收暂行办法》规定，境外捐赠人无偿向受赠人捐赠的直接用于扶贫、慈善事业的物资，免征进口关税和进口环节增值税。

目前，税务总局还在积极研究进一步加大税收政策对慈善事业的支持力度。比如，研究在税收风险可控的前提下，捐赠人向公益慈善组织捐赠货物，以及公益慈善组织在慈善活动中对外捐赠货物的增值税优惠政策问题；会同财政部、海关总署等部门启动了《扶贫、慈善性捐赠物资免征进口税收暂行办法》修订工作，拟进一步完善境外慈善物资进口税收优惠政策；积极配合民政部、财政部，加强调查研究，修订公益性捐赠税前扣除资格确认的相关文件，贯彻落实好慈善捐赠税前扣除政策，等等。

国外慈善立法简要情况

一、国外慈善立法的主要模式

国际上有关慈善立法主要有两种模式：一是集中立法，即制定一部慈善单行法和相关的配套法，如英国、俄罗斯、新加坡等。二是分散立法，即有关慈善的立法分散于一般法和其他法律中，没有专门的慈善法，如美国、德国、日本等。从总体发展趋势来看，越来越多的国家采取集中立法的模式。

1. 集中立法的有关国家

国家	慈善单行法	辅助法
英国	慈善法	托管人管理法、信托法等
俄罗斯	慈善活动和慈善组织法	非营利组织法、社会联合组织法等
新西兰	慈善法	关于慈善收费、表格及其他事项的管理办法，宗教、慈善及教育信托法、慈善拨款法、联合社团法等
新加坡	慈善法	社团法、受托人法、公司法、合作社法、慈善事业收费管理办法、惠益外国的捐赠管理办法、募捐申请管理办法、慈善机构注册管理办法等
乌克兰	慈善与慈善组织法	民间社团法等
亚美尼亚	慈善法	公共组织法、财团法等

2. 分散立法的有关国家

国家	慈善相关法
美国	国内税收法典以及各州制定的规范慈善活动的法律
日本	日本特定非营利活动促进法、一般社团法人和一般财团法人法（简称一般法人法）、公益社团法人和公益财团法人认定法（简称公益法人认定法）、民法典、所得税法、消费税法等
瑞典	基金会法、所得税法、经济协会法、会计法等
德国	民法典、结社法、税收基本法、所得税法、贸易税法、遗产与赠与税法、不动产税法、增值税法等
法国	法国慈善、社团和基金会法，非营利社团法、税法等
韩国	非营利机构成立与运作法、非营利民间团体支援法、非营利法人的人员处罚相关法、民法典、私立学校法、企业所得税法、个人所得税法、税收减免法、地方税法等
印度	社团登记法、慈善和宗教信托法、国外捐助法、所得税法、印花税法等
阿根廷	宪法、民法、基金会法、商务公共注册条例等
以色列	奥斯曼组织法、慈善捐赠条例、慈善监管法、非营利组织法、信托法、遗产法等
波兰	公益活动及志愿制度法、社团法等
南非	非营利组织法等

二、部分国家慈善立法的相关内容

（一）英国

英国是最早制定慈善法的国家，1601 年英国就制定了世界上最早的一部慈善法《慈善用途法》。20 世纪以来，英国慈善事业得到长足发展，慈善组织数量越来越多，慈善领域也越来越广，英国先后制定了1954年《慈善信托法》、1958年《娱乐慈善法》等法律，并于1960年颁布了《1960年慈善法》，这部慈善法分别于1992年、1993年、2006年进行了修订，直至2011年对四部慈善法进行了整合，形成了《2011年慈善法》。

1. 关于慈善的范围

英国《2011年慈善法》规定，只有那些为公共利益服务的具备慈善目的的事业才能被认可为慈善。慈善目的具体有：（1）预防或者消灭贫穷；（2）促进教育；（3）促进信仰；（4）促进健康或者挽救生命；（5）促进公民或者社区进步；（6）促进艺术、文化、遗产或科学的进步；（7）促进业余运动的进步；（8）促进人权、解决冲突或者和解，促进宗教或者种族的和谐或者平等及多样性的进步；（9）促进环境保护和改善；（10）解决由于年幼、年龄、生病、残障、财政困难或者其他缺陷的需要；（11）推进动物福利；（12）促进王室武装力量的效率、警力的效率、火警以及救生服务或者救护车服务；（13）其他符合本法相关条款的事业。

2008年，英国慈善委员会颁布了《慈善组织公益性指南》，提出并详细解释了判定慈善事业或慈善组织公益性质的两项基本原则：一是有益性原则。每个慈善组织有一个或数个慈善目的，目的只能通过特定的公益性产品或者服务得到体现。二是公众性原则，或利他性原则。公众是具体的，可按地理区域分为社区居民、地方居民、全国公众和全人类，也可根据年龄、性别、经济指标、社会地位或共同特点而划成不同群体。受益人数必须足够多，有时绝对数可能很少，但对于公众来说已足够多，如救治患有一种非常罕见的遗传疾病的人。有几种情况是被排除在慈善目的以外的：为自身成员获益的（个人体育俱乐部）；为政治或传道目的、或为推动某一特别观点；为其它慈善组织筹款的组织，而那些慈善组织对资金使用没有任何发言权；以推动友好关系或国际友好关系为目的。

2. 关于慈善组织的形式

根据英国《2011 年慈善法》，目前英国慈善组织主要有四种形式：

一是非法人社团（Unincorporated Association）。非法人社团是两个或两个以上的人通过协议成立的组织，其目的可以多种多样但只能是非营利，不得营利，比如一个志愿团体或者一个体育俱乐部等。因非法人社团不具有法人资格，其不能雇佣职员，不能以自己的名义拥有土地或者进行投资。其会员和受托人需要对该社团的活动承担责任。非法人社团一般规模比较小。

二是慈善公司（Charitable Company）。在英国，公司有两种形式：股份有限公司和担保有限公司。股份有限公司（Company limited by shares）是营利性的，向股东们分红；而担保有限公司（Company limited by guarantee）是适用于非营利组织和慈善组织的特殊类型公司，没有股份资本，成员不是股东而是保证人，保证公司破产时支付最低一英镑的一定金额，慈善组织常以这一形式存在，以使其受托人免于承担连带责任。和股份有限公司一样，担保有限公司具有法人地位，能够雇佣职员，能够以自己的名义拥有土地并缔结合同。慈善公司一般规模比较大。

三是信托（Trust）。信托本质上是捐赠人、受托人与受益人三者之间的关系。如果信托以慈善为目标，它就是慈善组织，被称为慈善信托。慈善信托的建立是通过签署信托契约（Trust Deed）实现的。和非法人社团一样，信托不具有独立法人资格，受托人必须以自己的名义拥有财产和缔结合同，受托人对慈善信托的一切活动承担连带责任。

四是慈善法人组织（Charitable Incorporated Organisation）。慈善法人组织是2006年慈善法为慈善组织创设的一种新的法律形式。慈善法人组织和公司一样具有法人资格，能够以自己的名义缔结合同，受托人对机构债务承担有限责任或者不承担责任；但慈善法人组织并不是公司，只须在慈善委员会注册，无须在公司登记处注册。

此外，英国还有两种特别慈善组织：一是被豁免注册的慈善组织（Exempt Charities），包括绝大多数的大学和其他教育机构、博物馆和展览馆，它们由其他政府机构监管；二是除外的慈善组织（Excepted Charities），包括教堂、童子军组织和军队慈善组织，慈善委员会有权对它们进行监管。

（二）美国

与英国不同，美国并没有制定全国统一的慈善法，也没有一个全国性的慈善监督机构，有关慈善的规定散见于宪法、税法、公司法、雇佣法等联邦和州的法律法规中。慈善组织是指根据《美国国内税法典》（Internal Revenue Code）第501（c）（3）项成立的服务于“宗教、慈善、科学、公共安全实验、文学或教育目的”的组织，其慈善组织地位由美国税务局认定。

1. 关于慈善的范围

根据《美国国内税法典》第501（c）（3）条规定，一个组织要享受税收优惠，必须符合如下条件：（1）是一个公司、社区福利基金、基金或者基金会；（2）以宗教、慈善、科学、公共安全测试、文学、教育、促进全国或者国际性的业余体育竞技（但不得涉及体育器材或者设备的供应)，或者防止虐待孩童或者动物等为目的；(3) 净收益不得使股东或者个人受惠；(4) 不得从事政治宣传、试图影响立法（除该条（h）款规定之外）或者参与、插手（包括出版或者散发传单）代表任何政治候选人的竞选运动。根据美国国内税务局实施条例的解释，“慈善”包括贫民救济、促进宗教、推动科学或教育、建造或维护公共建筑、纪念碑或设施、减轻政府负担、增进邻里关系、消除歧视与偏见、维护受法律保护的人权和私权、与违法犯罪和少年犯罪作斗争。

2. 关于慈善组织的形式

《美国国内税法典》将慈善组织分为两类：私人基金会（private foundations）和公共慈善组织（public charities）。

私人基金会是指未能通过《美国国内税法典》第509条所设条件检验的慈善组织。典型的私人基金会是由一个家庭、一家商业机构、数名核心捐赠者或捐赠基金投资收入来资助的。私人基金会一般是单一经费来源，比如某个家族或公司拿出一笔基金，它们向其它的公益组织和事业拨款，自己并不直接参与具体活动。美国一些大公司、富人或名门望族出巨资成立的某些基金会，比如洛克菲勒基金会、福特基金会和比尔与梅琳达·盖茨基金会等等，都属于私人基金会。

凡是符合《美国国内税法典》第170（b）(1)（A）（i）到（vi）条款规定、通过第509条检验的学校、教会、医院（或与医院有关的研究机构)，以及由公众资助的任一机构都可以获得公共慈善组织的地位。公共慈善组织从政府、公司、私人基金会和民众个人那里募集经费或收取费用，从事公益事业。教会、医院、学校和很多民间机构属于这类组织。这些慈善公益组织活跃于不同领域，比如扶贫、人道救援、少数族裔权益、妇女儿童问题、卫生健康福利、人权、环境保护、动物福利，等等。它们既可以处理美国国内问题，也可以关心国际事务。

与公共慈善组织相比，私人基金会要受到更多的法律制约，它除了要遵守有关慈善组织的所有法律条款外，还要遵守 4940－4946 技术性条款的规定。而私人基金会按工作性质又可分为两类：运作型基金会和非运作型基金会（又称筹资型基金会）。运作型基金会最重要的特点就是它必须将 85% 的收入用于慈善项目的实际运作。同时运作型基金会享受的税收待遇比非运作性基金会更有利。

（三）日本

日本没有统一的慈善法，其慈善法律体系主要由《一般社团法人和一般财团法人法》、《公益社团法人和公益财团法人认定法》、《相关上述法律实施的整备法》和《特定非营利活动促进法》组成。

1. 关于慈善的范围

日本公益社团法人和公益财团法人认定法规定，公益目的，是指附录所列的有利于增进不特定多数人利益的业务：（1）以学术和科学技术振兴为目的的业务；（2）以文化和艺术的振兴为目的的业务；（3）以支援残障人士、贫困人群以及事故、灾害和犯罪的受害者为目的的业务；（4）以提高老年人福祉为目的的业务；（5）以支援有劳动意愿者就业为目的的业务；（6）以提高公共卫生为目的的业务；（7）以保护儿童和青少年健康成长为目的的业务；（8）以提高劳动者福祉为目的的业务；（9）以通过教育、体育等形式促进国民身心健康和人性发展为目的的业务；（10）以预防犯罪和维护治安为目的的业务；（11）以预防事故和灾害为目的的业务；（12）以预防和根除因人种、性别以及其他原因的歧视和偏见为目的的业务；（13）以尊重和维护思想及良心的自由、宗教信仰自由和言论自由为目的的业务；（14）以推进男女共同参与的社会及其他更好社会的形成为目的的业务；（15）以促进国际相互理解以及协助发展中的海外地区发展经济为目的的业务；（16）以保护、维护地球环境和自然环境为目的的业务；（17）以国土的利用、维护和保全为目的的业务；（18）以有助于确保国家事务健全运营为目的的业务；（19）以健全发展区域社会为目的的业务；（20）以确保、促进、搞活公正、自由的经济活动的机会以及稳定、提高国民生活为目的的业务；（21）以确保国民生活不可或缺的物资、能源的稳定供给为目的的业务；（22）以维护、提高一般消费者的权益为目的的业务；（23）上面各项以外，其他政令规定为公益事业的。

2. 关于慈善组织的形式

目前，日本非营利组织主要有四种法人类型：一般社团法人和一般财团法人、公益社团法人和公益财团法人、特定非营利活动法人、依据特别法律设立的其他各种公益法人。其中，后三种组织属于公益慈善组织。

关于公益社团法人和公益财团法人。2007 年，日本成立了公益法人委员会，通过公益认定核准的一般社团法人和一般财团法人即是公益社团法人和公益财团法人。日本公益社团法人和公益财团法人认定法规定的认定条件主要有：（1）以公益目的业务为法人的主要目的；（2）具有实施公益目的业务所需要的会计基础和技术能力；（3）法人实施其业务，不向社员、评议员、理事、监事、雇员以及其他由政令规定的该法人的有关人员提供特别的利益；（4）法人实施其业务，不向股份公司以及其他从事营利业务者、以及由政令规定的为个人或团体的利益进行活动者，实施捐赠及其他提供特别利益的行为；（5）不从事投机交易、高息融资以及其他由政令规定的从维护公益法人社会信用的角度不适当或有可能损害公共秩序及善良风俗的业务；（6）预计其所从事的公益目的业务所得收入不超过实施业务所需合理费用；（7）如果法人实施公益目的业务以外的业务，不会影响公益目的业务实施；（8）所从事业务活动中，预计公益目的业务比例在百分之五十以上；（9）在理事会或审计员中，来自一个家庭或公司的人不能超过三分之一；（10）理事会成员的酬金不能过高；（11）不能拥有可以使其影响其他实体的财政资源。通过认定后，可以享受税收减免的优惠，可以在名称上冠以"公益"文字，但也必须接受行政机关较严格的监督，公开更多的信息。公益社团法人和公益财团法人解散时，其剩余财产必须根据章程交由具有类似目的事业的公益组织、部分特定公益法人、国家政府或者地方政府。

关于特定非营利活动法人。特定非营利活动法人是根据《特定非营利活动促进法》设立的，致力于推动多数人的共同利益。特定非营利活动法人不需要公益认证，公共利益目标是获得法人资格的前提，申请人必须向政府表明其是在提供某种公共利益，欲享有税收优惠须向国税厅单独申请认定。特定非营利活动法人不能以获取利润为目的，不能传播教义、执行宗教仪式或培养宗教信徒；可以从事法律列举的非营利活动以外的活动，只要不妨碍非营利活动；但不得从事以推动、支持或反对某一政治原则的活动，以及推荐、支持、反对某一政治竞选人的活动。特定非营利活动法人解散时，剩余财产只能转移给部分特定公益法人、国家政府或者地方公共机构。

关于依据特别法律设立的其他各种公益法人。二战后，日本颁布了一系列特别法律，设立了若干类型的公益法人，包括宗教法人、私立学校法人、医疗法人、社会福利法人等。这些公益法人的建立都要得到政府相关部门的批准或许可，它们的剩余财产应用于公共利益目标或转交给政府。

后 记

《中华人民共和国慈善法》已由第十二届全国人民代表大会第四次会议于2016年3月16日通过，自2016年9月1日起施行。慈善法是社会领域的重要法律，是慈善制度建设的基础性、综合性法律。慈善法的颁布实施，将发挥立法的引领和推动作用，进一步激发全社会崇德向善的力量，为推动中国特色慈善事业健康发展提供有力的法治保障。

为了配合慈善法的学习贯彻，帮助读者准确理解慈善法的立法原意和各项规定，全国人大内务司法委员会内务室和民政部政策法规司组织参加法律起草工作的同志编写了《中华人民共和国慈善法学习问答》，供大家学习参考。

全国人大常委会委员、内务司法委员会主任委员马驭，全国人大常委会委员、内务司法委员会副主任委员王胜明，民政部党组成员、纪检组长曲淑辉，民政部党组成员、民间组织管理局局长詹成付等领导同志对本书的编写给予了指导。

本书撰稿人（以姓氏笔画为序）：于建伟、马昕、王行最、王振乾、王萍、尹冬华、孔德福、朱恒顺、刘新华、刘磊、许灿、孙卫东、杜榕、李旭丹、李莉、李健、沈东亮、沈东曙、陈百灵、汤剑军、武英、孟志强、段荣芳、俞建良、徐嫣、黄怡捷、龚仁伟、詹成付、廖鸿。全国人大内务司法委员会内务室主任于建伟同志对本书进行了统稿审定。

由于编写时间较紧，难免有不当或疏漏之处，敬请读者批评指正。

编　者

2016 年 4 月

图书在版编目（CIP）数据

中华人民共和国慈善法学习问答／全国人大内务司法委员会内务室，民政部政策法规司编著．—北京：中国法制出版社，2016.4（2016.8 重印）

ISBN 978－7－5093－7461－0

Ⅰ．①中…　Ⅱ．①全…②民…　Ⅲ．①慈善事业－法律适用－中国－问题解答　Ⅳ．①D922.182.35

中国版本图书馆 CIP 数据核字（2016）第 071003 号

策划编辑：谢　雯　　　责任编辑：谢　雯　　　封面设计：李　宁

中华人民共和国慈善法学习问答

ZHONGHUARENMINGONGHEGUO CISHANFA XUEXI WENDA

编著/全国人大内务司法委员会内务室，民政部政策法规司

经销/新华书店

印刷/三河市紫恒印装有限公司

开本/880 毫米×1230 毫米　32 开　　　印张/10.5　字数/167 千

版次/2016 年 4 月第 1 版　　　2016 年 8 月第 3 次印刷

中国法制出版社出版

书号 ISBN 978－7－5093－7461－0　　　定价：36.00 元

北京西单横二条 2 号　　　值班电话：66026508

邮政编码 100031　　　传真：66031119

网址：http：//www.zgfzs.com　　　**编辑部电话：66010493**

市场营销部电话：66033393　　　**邮购部电话：66033288**

（如有印装质量问题，请与本社编务印务管理部联系调换。电话：010－66032926）